D1698504

Fabian Vogt (Hrsg.)

Hoffnungsmorgen

FABIAN VOGT (Hrsg.)

Hoffnungsmorgen

Biblische Augenzeugen erzählen
die Ostergeschichte

Bibliografische Information der Deutschen Nationalbibliothek
Die Deutsche Nationalbibliothek verzeichnet diese Publikation in der
Deutschen Nationalbibliografie; detaillierte bibliografische Daten
sind im Internet über http://dnb.d-nb.de abrufbar.

ISBN 978-3-86506-935-1
© 2017 by Joh. Brendow & Sohn Verlag GmbH, Moers
Die Rechte an den Texten liegen bei den Autoren.
Einbandgestaltung: Brendow Verlag, Moers
Titelfoto: fotolia memory stockphoto
Satz: Brendow Web & Print, Moers
Druck und Verarbeitung: Grafik Media Produktionsmanagement, Köln
Printed in Germany

www.brendow-verlag.de

Inhalt

Vorwort

„Wer Ostern kennt, kann nicht verzweifeln." Behauptet der kluge Theologe Dietrich Bonhoeffer. Starker Satz, oder? Einer, der gleich zwei herausfordernde Gedanken in sich trägt. Erstens: Ostern ist ein Geschehen voller Hoffnung, das die Kraft besitzt, die Ängste und Sorgen von Menschen zu überwinden. Und zweitens: Es lohnt sich, diese einzigartige Geschichte zu kennen.

Der Erzählband „Hoffnungsmorgen" will Lust machen, sich den tiefgründigen Ereignissen, die vor fast 2000 Jahren die Welt veränderten, ganz neu zu nähern. Und das auf ungewöhnliche Weise: nämlich dadurch, dass Autorinnen und Autoren den „Augenzeugen" von damals eine Stimme geben. Sie lassen Menschen zu Wort kommen, die bei der Kreuzigung Jesu und bei seiner Auferstehung laut Überlieferung dabei waren und nun davon erzählen könnten. Persönlich, anschaulich, bewegend.

Maria Magdalena, die Jünger Thomas, Petrus und Judas, der Statthalter Pontius Pilatus, der Hohepriester, die Wache am Grab und viele andere Beteiligte beschreiben in den Texten als Betroffene, wie sie die einzigartigen Momente jener Tage erlebt haben. So entsteht ein schillerndes Mosaik aus Erfahrungen, das die Dynamik des Ostergeschehens möglicherweise eindrücklicher vor Augen führt als manch tiefgründige theologische Erläuterung.

Bei aller Freude am Erzählen wissen die Autorinnen und Autoren, wovon sie da reden und schreiben. Denn sie sind alle Mitglieder der christlichen Künstlergemeinschaft „Das Rad", in der sich Vertreter verschiedener Kunstformen gegenseitig inspirieren. Die Fachgruppe „Medien" dieser Vereinigung hat dann auch auf einer Tagung die Idee entwickelt, die Ostergeschichte aus verschiedenen Perspektiven literarisch so nachzuerzählen, dass sich die unglaublichen Begebenheiten in anregender Form erschließen.

Um die Situation des Jahres 30 in der römischen Provinz Judäa halbwegs authentisch wiederzugeben, wurden (unter anderem) einige Namen der ursprünglichen Aussprache angenähert. So steht zum Beispiel in den Texten „Jeshua" statt Jesus, „Jeruschalajim" statt Jerusalem oder „Kajafas" statt Kaiphas. Ein vorsichtiger, aber atmosphärisch weitreichender Schritt.

Nebenbei: Es ist nicht verwunderlich, dass bei solch einem narrativen Zugang bestimmte Facetten der historischen Ereignisse von verschiedenen Personen mehrfach beleuchtet werden – gelegentlich sogar mit unterschiedlicher Bewertung. Wie es nun mal ist, wenn Zeugen aufgefordert werden, ihre jeweilige Version einer Geschichte zu erzählen. Zugleich steckt in dieser Vielfalt aber auch die poetische Einladung, sich selbst ein Bild von den Ereignissen zu machen.

Das heißt: Lassen Sie sich von diesen kleinen „Erzählungen" mit hineinnehmen in die große biblische Erzählung – in den Bericht davon, wie das Leben über den Tod siegen kann. Ja, mehr noch. Schauen Sie mal, ob das stimmt, was Dietrich Bonhoeffer so selbstbewusst behauptete: „Wer Ostern kennt, kann nicht verzweifeln."

Eine wohltuende Lektüre wünscht *Fabian Vogt*.

Ute Aland

gegessen

Draußen färben die letzten Sonnenstrahlen den vom Wind auf-
gewirbelten Staub der Straßen Jerusalems golden. Nur noch ver-
einzelt dringen Geräusche durch die schmalen Fensteröffnun-
gen. Die Stimmen angeregt palavernder Männer erfüllen den
niedrigen Raum. Es duftet nach gebratenem Lamm, nach den
bitter-herben Kräutern in den Schüsseln und auch ein wenig
nach Männerschweiß. Der Mann um die Dreißig sitzt mit einem
Dutzend meist grobschlächtiger Männer im Dämmerlicht und
beobachtet gedankenverloren die junge, schlanke Frau, die vor
dem offenen Kamin am Ende des Raumes hockt und im Feuer
stochert.

Jemand nennt beiläufig seinen Namen – ein Name, der in
diesen Tagen in Jerusalem in vieler Munde ist: Jeshua. Er wirft einen Blick in die Runde, doch im Moment beachtet ihn niemand,
was ihn aber keineswegs stört. Im Gegenteil.

Der Blick seiner dunklen Augen wandert über die Risse in
den Lehmwänden, die sich wie Adern durch den an einigen Stellen fleckigen Kalk ziehen. Er erkennt auch in ihnen die Schön-
heit der Ordnungen, denen alle Dinge unterworfen sind.

Möglicherweise hätte Aabid, ihr Gastgeber, den Raum vorher frisch gekälkt, wenn er gewusst hätte, dass „der Meister" mit
seinem Gefolge das Fest ausgerechnet bei ihm feiern will. Aber
Aabid weiß erst seit gestern davon. Die Jünger hatten ihn angesprochen, als er mit dem Krug auf dem Kopf vom Brunnen

gekommen war, wohin er seit dem Tod seiner jungen Frau vor vierzehn Monaten jetzt selber gehen muss. Jeshua hatte gewusst, dass Aabid sich nicht wundern würde, wenn zwei fremde Männer mit entwaffnender Selbstverständlichkeit einen Raum für „den Meister" beanspruchen würden. Jeshua schätzt Aabid sehr. Nicht nur als Mensch, sondern auch als Töpfer. Auch Aabid ist einer von denen, die das göttliche Gesetz in den kleinen Dingen erkennen und der deshalb ein wirklich guter Töpfer ist. Alle Gefäße in diesem Haus stammen aus seiner Hand.

Jeshua betrachtet den farbig lasierten bauchigen Becher in seinen Fingern. Ein schönes Gefäß, ernst und verspielt zugleich, denkt er und lässt dann seinen Blick vom Becher über seine schmalen Hände schweifen; betrachtet nachdenklich die sehnigen Handrücken, die den Becher umklammern.

Er dreht das Gefäß und beobachtet dabei den Tanz der Sehnen unter seiner braungebrannten Haut, Choreographie eines noch genialeren Meisters. Diese Hände sind geübt im Umgang mit Tischlerwerkzeug, wie auch im Spenden von Trost und Heilung. Noch vor wenigen Tagen führten sie die Peitsche im Tempel, und schon sehr bald werden sie im eigenen Blute baden.

Die im Foltern erfahrenen Römer treiben die Nägel genau dort durch das Fleisch, wo die Handknochen zusammenlaufen. Genau dort, wo jetzt, da seine Hände sich um den Becher krampfen, die Adern hervortreten. Für wenige Sekunden überkommt Jeshua Schwäche. Sein Blick ist vernebelt, und sogar Johannes, der doch direkt neben ihm auf dem Boden hockt, verschwindet wie hinter einem dichten Schleier. Rasch trinkt er einen Schluck Wasser. Als Kind hatte ihm seine Mutter in solchen Fällen immer einen Schluck Wasser zu trinken gegeben. Marias Allheilmitttel.

„Du vergisst vor lauter Spielen immer das Trinken, mein Sohn."

Jeshua lächelt der Frau Mitte vierzig zu, die schon die ganze

Zeit von ihrem im Dunkeln liegenden Platz am Fenster betrübt ihren Sohn beobachtet. Sie lächelt mit ernsten Augen zurück.

Jeshua stellt den Becher auf den Tisch, greift vor sich, taucht ein Stück Brot in die Tunke aus bitteren Kräutern und blickt in die Runde seiner Freunde: begeisterte, ausgelassene Männer voller Tatendrang. Sie sind in Hochstimmung. Verständlicherweise, denn solch eine triumphale Begrüßung, wie sie sie gerade erst erlebt haben, gibt es nicht alle Tage. Heute sind sie davon überzeugt: Sie haben alles richtig gemacht. Sie sind dem Richtigen gefolgt. Jubelnde Massen an den Straßen. Hosianna, Palmzweige, Begeisterung. Kein Wunder, nach der Sache mit Lazarus. Wer einen aus dem Tod zurückholt, kann mit jubelnden Massen rechnen. Die Jünger wähnen sich endlich am Ziel: zu guter Letzt der Beweis, dass sich ihre Entbehrungen gelohnt haben.

Und es waren Entbehrungen; wechselhafte Jahre, in denen ihnen zwischen Zweifel, Jubel, Verfolgung, Misstrauen und Euphorie fast alles entgegengeschlagen war. Doch heute ist ein wahres Fest für sie, ein Passa, wie es sich gehört: Auszug aus der Sklaverei.

Das Lamm ist mittlerweile fast verzehrt, einige Krüge Wein sind gelehrt, und die Männer haben sich in Begeisterung geredet. ‚Durchbruch‘ ist das Wort der Stunde. Vor allem Petrus liebt dieses Wort. Überhaupt – der Raum ist voller bedeutsamer Worte, wie ‚Messianisches Reich‘, ‚Israels Herrschaft‘, ‚Gerechtigkeit‘, ‚Gericht‘, ‚Tag des Herrn‘. Wortfetzen, die über den Tisch flattern wie aufgescheuchte Tauben, die den Weg nach Hause nicht finden. Petrus redet aufgeregt und mit großen Gesten auf Andreas und Jakobus ein. Petrus erklärt wie immer irgendwem irgendwas.

„Wir werden jetzt keinen Schritt mehr weichen", ruft er hitzig, und Andreas nickt, den Becher zum Munde führend.

„Es gibt jetzt kein Zurück mehr!", behauptet Petrus und erntet auch von Jakobus ein kauendes Kopfnicken.

Nur an den beiden Frauen geht die Begeisterung scheinbar spurlos vorbei. Die Männer halten ihre Zurückhaltung für Torheit. „Frauen verstehen halt nichts von diesen Dingen", flüstern sie sich zu, denn sie wissen, dass der Meister solche Reden nicht duldet.

Jeshua kennt ihre Gedanken. All diese Männer sind seine Freunde. Sie haben alles stehen und liegen gelassen für ‚die Sache‘, für das Reich Gottes. Er hat sie alles gelehrt, was sie bis jetzt verstehen können. Er liebt sie, und sie lieben ihn. Trotzdem spürt er wieder diese Einsamkeit inmitten des Trubels. Seine Jünger feiern bereits den Sieg. Nach so vielen Entbehrungen wollen sie jetzt ein gutes Ende. Einen Platz ganz oben, bei denen, die das Sagen haben.

Mit von Lammfett glänzenden Gesichtern erhitzen sie sich, trunken von ihrer eigenen Hingabe, ihrer Glut, ihrer Bedeutsamkeit.

Jakobus und Johannes zum Beispiel, die ein Faible für ‚Feuer vom Himmel‘ haben, erwarten in den nächsten Tagen das große Finale hier in Jerusalem, bevor das Reich Gottes kommt. Sie spekulieren auf einen Platz rechts und links neben dem Messias.

Und dann Petrus, der von Anfang an nichts hören wollte von Tod und Leiden. Dessen Leidenschaft ihn in die Irre führt. So wie Judas Iskariot. Der Eiferer. Er, der in aller Heimlichkeit ‚den großen Showdown‘ organisiert hat. Der es gar nicht erwarten kann, dass das Klein-Klein in den judäischen Dörfern endlich vorbei ist, der den großen Durchbruch hier in Jerusalem erzwingen will. Wie die meisten ist er Hals über Kopf verliebt in seine eigene Gotteserregung. Verwechselt diese Inbrunst mit Hingabe, mit Liebe. Ach, Judas, du hast deine Pläne mit mir, wie sie alle hier,

12

denkt Jeshua. Ich aber werde alle Pläne durchkreuzen müssen! Der Menschensohn wird nicht vom Kreuz herabsteigen. Kein Feuer vom Himmel, keine letzte Trompete. Es wird nicht triumphal. Es wird blutig, schmerzhaft, ein Schlachtfest der Feinde Gottes. Zerfetzte Haut, blankes Fleisch. Und so wird Gott selber sich in die Welt verschütten. Eine grausame Form der Vereinigung. Durch Blut und durch Fleisch.

Jeshua stellt Brot und Wein vor sich. Brot und Wein. Ein altes Zeichen. Sehr alt. Melchisedeck war der Erste. Heute aber wird es, gerade für ihn, eine neue Bedeutung bekommen. Ich sehne mich danach, heute mit meinen Freunden das Mahl zu nehmen.

Er seufzt. Sie wollen für das Reich in die Schlacht ziehen. Aber das Reich, für das sie kämpfen wollen, ist veraltet. In diesem alten Reich sollten die Menschen zu Gefäßen geformt werden, nun aber werden diese Krüge zerschmettert werden. Der Menschen fromme Pläne werden den Flammen des Entsetzens zum Opfer fallen, und die Asche wird der Acker sein, in den das Neue gesät wird, und was die alten Krüge niemals hätten halten können, wird ausgegossen und den Acker tränken.

Jeshua nimmt den Weinkrug.

„Freunde, es ist Zeit, den neuen Bund zu schließen", sagt er, kann sich gegen die vielen Stimmen aber nicht durchsetzen.

„Halt doch mal für einen Moment die Klappe, Mann", meint Philippus. „Der Meister will was sagen."

„Wisch dir den Mund ab, Alter, jetzt wird's feierlich", flachst Bartholomäus zu Jakobus hinüber. Dann herrscht endlich Ruhe. Auch die beiden Marias gesellen sich zu ihnen an den Tisch.

„Freunde, jetzt ist die Zeit gekommen, von der die Propheten gesagt haben: ‚Da will der Herr mit dem Hause Israel und mit dem Hause Juda einen neuen Bund schließen.'"

Erwartungsvolles Schweigen. Jeshua fährt fort:

„Der Menschensohn wird zum Vater gehen, aber zuvor wird sein Blut die Schöpfung tränken, denn im Blut ist das Leben." Mit diesen Worten stürzt die Hochstimmung im Raum wie ein Kartenhaus in sich zusammen. Petrus' Kopf zuckt nervös. „Nein, Meister!", seine Stimme überschlägt sich. „Das werden wir verhindern. Wir sind fast am Ziel. Das Volk ist auf unserer Seite. Du hast den Jubel doch gesehen." Hilfesuchend blickt Petrus um sich. Einige Köpfe nicken, einige Schultern zucken. Blicke wechseln hin und her.

Jeshua kennt diese Stimme. Sehr genau sogar. Das erste Mal hat er sie in der Wüste gehört. Nach seiner Taufe. Er hatte sie damals nicht gleich erkannt. Aber heute – heute erkennt er sie sofort. „Das Weizenkorn muss sterben, Petrus, sonst bringt es keine Frucht. Alles andere ist menschliches Denken."

Die Verwirrung ist den Männern in die wettergegerbten Gesichter geschrieben. Das ist nicht der Kampf, den sie kämpfen wollen. Sie wollen Triumph, nicht Tod.

Traurigkeit überkommt Jeshua. Sie verstehen es nicht. Können es nicht verstehen. Noch nicht. Aber die nächsten Jahre werden sie lehren, was das Reich Gottes bedeutet. All ihre Gottesbegeisterung wird zerschlagen werden. Sie werden ausgegossen werden, und sie werden – wie er – so zum Geschenk an die Menschen. Sie werden sich nicht mehr selbst gehören. Sie werden nicht mehr Herren eines „Feldzuges der Wahrheit" sein, sondern Sklaven des Himmels. Jeder von ihnen wird erneuert werden. Aber jetzt, jetzt glauben sie noch an ihre Kraft. An die Kraft ihres Glaubens. Aber sie werden ihrem Meister in den Zerbruch folgen. In Leib und Leben werden sie verwandelt werden. Brot und Wein. Jetzt wollen sie für die Ausbreitung des Gottesreiches kämpfen. Dann aber werden sie selbst dieses Reich sein.

Jeshua nimmt das Brot. „Nehmet; das ist mein Leib." Er reicht es Judas. Erschrocken blickt der Zelot ihn an. Verwirrung mischt sich in das Dunkel der Kampfeslust seiner Augen. „Nimm, Judas. Es muss sein." Das Schweigen hat den Rausch der Begeisterung unter sich erdrückt.

„Freunde - ", er lässt die Mazza sinken. „wann wollt ihr endlich verstehen: Ich bin das lebendige Brot, das eigentliche Manna, das vom Himmel gekommen ist. Und dieses Brot hier" – er hält die Mazza hoch – „ist mein Fleisch, das ich schon sehr bald geben werde." Das ist mein Vermächtnis an sie: Hingabe. Auflösung in Gott. Wiedereinsetzung des Menschen als Mensch. Mehr noch: Vereinigung des Nicht-Vereinbaren. Ich bin nur der Erste von vielen. Pionier der Selbstauflösung. Auch sie werden im Laufe ihres Lebens nicht am Tod ihres Fleisches vorbeikommen.

„Nehmt dies als Zeichen eurer Bestimmung."

Zögernd nimmt Judas das Stück Mazza aus der Hand des Meisters, isst davon. Einer nach dem anderen steckt es sich zaghaft in den Mund. Und in der Stille ist nichts zu vernehmen als das Knacken des Feuers und des dünnen Brotes beim Kauen.

Danach nimmt Jeshua den Kelch mit dem Wein: „Trinket alle daraus; das ist mein Blut des Bundes, das vergossen wird für viele zur Vergebung der Sünden."

Vollkommene Stille im Raum. Alle spüren, dass dies ein seltsamer, ein großer Moment ist, und irgendwie macht er ihnen Angst. Sie spüren diffus, dass ab jetzt nichts mehr so sein wird wie zuvor.

Albrecht Gralle
verworfen

Ich werde ein Bad nehmen. Und danach ein paar Stunden schlafen. Es ist vorbei. Pilatus hat nachgegeben. Jeshua, der Gotteslästerer, der Durcheinanderbringer, wird gekreuzigt. Endlich! Ein Albtraum geht zu Ende.

Es klopft. Ich will meinen Sklaven zurückhalten, damit er keinem Fremden öffnet, weil ich keine Kraft zu neuen Auseinandersetzungen habe, aber er ist schon an der Tür.

Ich höre eine Männerstimme und erkenne den tiefen Bass von Jitzhak, meinem Freund aus Cäsarea. Nun gut, Jitzhak kann ich noch ertragen.

Er scheint erregt zu sein, und ich lasse eine Karaffe mit verdünntem Wein, eine Schale mit Datteln, gedörrten Lammstreifen und einer Soße aus gewürztem Olivenöl kommen.

Es ist sonst nicht Jitzhaks Art, mit der Tür ins Haus zu fallen, aber nach dem ersten Schluck bricht es schon aus ihm heraus: „Wie ich gehört habe, ist der Prophet zur Kreuzigung verurteilt worden!"

„Natürlich!", sage ich. „Schließlich ist er ein Gotteslästerer!"

„Aber warum? Was hat er denn gesagt?"

„Jitzhak, ich weiß, du hast immer Sympathien für den Galiläer gehabt, aber was zu viel ist, ist zu viel. Er hat sich doch tatsächlich heute Nacht mit dem Menschensohn aus dem Buch Daniel identifiziert, mit diesem endzeitlichen Richter, der mit den Wolken des Himmels kommen soll. Das können wir nicht dulden! Auch wenn ich als Sadduzäer die Propheten für nicht so bedeutend halte, ist es eine Anmaßung."

„Und wenn er nun wirklich der Messias ist, Kajafas? Wenn er tatsächlich eines Tages in der Lichtwolke erscheinen wird, was dann? Hat er nicht Kranke geheilt? Tote auferweckt?"

Ich schüttele den Kopf. „Krankenheilungen, Totenauferweckungen und Exorzismen machen auch andere Wanderrabbis, und der Trick mit dem verfaulten Schafsfleisch im Grab des angeblich toten Lazarus, damit es nach Leiche stinkt, ist leicht zu durchschauen, ein perfektes Spektakel!"

„Hast du ihn einmal reden hören? Jeshua redet schlicht und gleichzeitig tiefsinnig. Das Herz geht dir dabei auf."

Ich seufze. „Natürlich habe ich Jeshua beobachten lassen und ihn gelegentlich auch heimlich selbst gehört. Zugegeben, er hat eine Rednergabe und spricht sehr anschaulich, obwohl er heute Nacht meistens geschwiegen hat, aber er kann auch seine Feinde mit ein paar Sätzen fertigmachen, so, wie er es mit mir gemacht hat. Inzwischen lachen alle über mich!"

„Er hat sich über dich lustig gemacht?"

Ich spüle die Dattelreste mit einem Schluck Wein hinunter.

„Ich bin erledigt, Jitzhak. Niemand nimmt mich ernst, äußerlich schon, aber sonst ...? Ich sage dir: Der Galiläer ist ein einziger Albtraum für mich! Oder er war es."

„Warum?"

Ich lehne mich vor, innerlich erregt, wenn ich an diese Beleidigungen denke. „Pass auf. Neulich erzählte er die bekannte Geschichte von dem armen Gelehrten aus Aschkalon und dem reichen Steuereintreiber Bar-May'an, deren Schicksal sich nach dem Tod umdreht. Der Arme befindet sich plötzlich in Abrahams Schoß und der Reiche in der Scheol, wo er leidet."

„Ja, die Geschichte kenne ich. Stammt sie nicht aus Ägypten?"

„Richtig. Ägyptische Juden haben sie mitgebracht. Aber Jeshua erzählte die bekannte Geschichte ganz anders."

Ich sehe, wie Jitzhak mit den Schultern zuckt. „Na und? Dir kann das doch gleichgültig sein, du gehörst zu den Sadduzäern, ihr glaubt doch sowieso nicht an ein Leben nach dem Tod."

„Wart's ab ... also, Jeshua lässt in seiner Version der Geschichte einen todkranken, unreinen Bettler mit offenen Wunden, der noch dazu von unreinen Tieren abgeleckt wird, vor der Tür eines Reichen ablegen. Sein Name: Lazarus oder Elieser ... Hilfe Gottes. Der Reiche bekommt bei Jeshua keinen Namen. Jedenfalls mit einem unreinen Bettler vor der Tür ist der Reiche ruiniert. Welcher fromme Jude wird ihn jetzt noch aufsuchen wollen? Alle haben Angst, dass die Hunde ihre Sandalen berühren. Natürlich wird der Reiche den Armen nicht noch weiter am Leben erhalten wollen, indem er ihm die Abfälle gibt. Du weißt doch, bei unseren Festen wischt man sich manchmal die Fetthände mit Brotfladen ab."

„Keine gute Sitte. Aber klar, der Reiche hofft, dass der unreine Bettler bald stirbt, damit er diesen Skandal loswird. Warum lässt er ihn nicht entfernen?"

„Keine Ahnung. Aber hör weiter zu: Nun lässt Jeshua in seiner Geschichte die beiden sterben, und sie kommen wie in der bekannten Version an unterschiedliche Orte. Der Reiche bittet Abraham um Linderung und sorgt sich um seine fünf Brüder oder Schwäger, dass sie nicht auch an diesen Ort kommen und ..."

„Oh nein!", ruft Jitzhak aus, „ich begreife deinen Ärger!"

„Ja", sage ich. „Verstehst du jetzt, warum man über mich lacht?"

Jitzhak nickt: „Ich muss schon sagen: eine geniale Nacherzählung. Jeshua braucht dem Reichen keinen Namen zu geben, weil jeder weiß, dass es genau vier wirklich reiche Familien in Judäa gibt. Und eine davon ist die Sippe deines Schwiegervaters

Hannas, und es gibt nur einen, der fünf Schwestern und deshalb fünf Brüder oder Schwäger hat – und das bist du. Er versetzt dich mit seiner Geschichte in das Totenreich, einen Mann, der an die Scheol gar nicht glaubt!"

Jitzhak schüttelt fassungslos den Kopf. „Oh ja, eine echte Provokation!"

„Du kannst dir vorstellen, dass ich getobt habe vor Wut, als man mir die Geschichte hinterbracht hat. Und Jeshua wusste genau, dass man sie mir erzählen würde! Er redet zu mir, ohne dass er mich aufsuchen muss. Indirekt. Seitdem wollte ich ihn nur noch loswerden. Sein Gefasel von dem Liebesgebot, das über allem stehen soll, klingt mir nicht mehr glaubwürdig. Wer einen Mann wie mich so bloßstellt, läuft mit einem großen Hass herum. Ich habe mich gefühlt, als ob ein Dolch durch mein Herz gestoßen würde. Und es war mir eine Genugtuung, als ich mein Gewand zerreißen und mein endgültiges Urteil über ihn sprechen konnte."

Jitzhak schweigt und versucht mit einem Zahnstocher, die Reste einer Fleischfaser zu entfernen, dann lehnt er sich zurück. „Ich verstehe, dass du wütend bist, Kajafas. Aber einen Menschen zum Tode zu verurteilen, nur weil er dich beleidigt hat?"

„Oh nein", sage ich, „das war nur der letzte Tropfen, der das Fass zum Überlaufen gebracht hat. Ich bin schließlich der Hohepriester, der für das Wohl eines ganzen Volkes zuständig ist. Wir sind ein besetztes Land. Und so ein Naivling wie Jeshua gefährdet das delikate Machtverhältnis zwischen uns und Rom. Nein, nein, dieser Mann muss weg, und ich bin erleichtert, dass die Entscheidung gefallen ist."

Ich blicke meinem Freund in die Augen: „Fast bin ich froh, dass er mich provoziert hat, so fiel es mir leichter, mein Urteil zu fällen."

Jitzhak sagt nichts und trinkt nachdenklich einen Schluck. „Nur mal angenommen, Kajafas", beginnt er. „Nur mal angenommen, es gibt tatsächlich ein Leben nach dem Tod ..." Ich will schon ärgerlich aufspringen, aber Jitzhak hebt beruhigend seine Hände. „Nur ein Gedankenexperiment. Angenommen, du gelangst nach dem Tod in das Totenreich und merkst: Ich habe unseren eigenen Messias den Römern zur Kreuzigung ausgeliefert. Was für ein Urteil erwartet dich dann? Könnte es nicht sein, dass diese kleine Geschichte, die dich so aufregt, gar nicht dazu bestimmt war, dich zu demütigen?"

„Sondern?"

„Vielleicht war sie eine persönliche Botschaft an dich."

„Oh ja, die persönliche Botschaft habe ich verstanden: Ich werde dich vor aller Welt blamieren! Und: *Sie haben Mose und die Propheten*, lässt Jeshua Abraham sagen. Mit anderen Worten: *Lieber Kajafas, nimm die Botschaft der Propheten ernst, nicht nur die fünf Bücher Mose. Ihr Sadduzäer seid engstirnig!* Ja, das könnte die persönliche Botschaft an mich gewesen sein."

„Vergiss deine Wut, Kajafas! Nimm doch nur mal an, Jeshua hätte mit allem recht gehabt, er wäre der von Gott gesandte Messias, dann könnte selbst die Kreuzigung nichts daran ändern. Seit gestern gehen mir die Stellen bei Jesaja nicht mehr aus dem Kopf, die von einem geschlagenen Gottesknecht handeln ... Und jetzt, nachdem ich weiß, dass er leiden wird, erst recht. Du weißt vermutlich, es gibt Schulen, die den Gottesknecht bei Jesaja mit unserem Messias gleichsetzen."

Ich bin verblüfft. Wie kann man diese Stellen, die ich zwar kenne, aber nicht anerkenne, mit Jeshua in Verbindung bringen? Wieder ein Beweis, dass die Prophetenbücher einen nur verwirren.

Jitzhak fährt fort: „Ist diese Geschichte mit dem reichen Mann in der Scheol nicht eine Hoffnungsgeschichte?"

„Warum?"

„Hast du nicht erzählt, dass in der Version von Jeshua der Reiche im Totenreich mit seinen fünf Brüdern Mitleid bekommt und ihnen sagen will: Ändert euch, bevor es zu spät ist?"

„Hm. Ja."

„Die persönliche Botschaft dieser Geschichte an dich könnte auch lauten: Kajafas, fang doch jetzt schon an, dein Leben zu ändern und die Menschen zu lieben, damit Abraham dich nach dem Tod in seine Nähe einlädt?"

„Ach ja? Mich, der ich angeblich den Messias der Kreuzigung ausgeliefert habe?"

„Hat Jeshua nicht immer wieder zur Umkehr aufgerufen?"

„Jitzhak! Ich kann jetzt nicht mehr zurück!"

Wir schweigen, aber dann sage ich: „Weißt du, was du da von mir verlangst? Ich soll das, was ich jahrzehntelang geglaubt habe oder nicht geglaubt habe, aufgeben? Sollen denn Freud und Leid unendlich wiederholt werden in einer anderen Welt? Nein, ich finde es angemessen, wenn nach dem Tod die Vorstellung zu Ende ist. Eine Umkehr, wie du sie von mir verlangst ... dazu fehlt mir die Kraft."

Jitzhak hebt wie zur Abwehr die Hände. „Ich verlange das ja nicht von dir, es ist Jeshua, der dir diese Nachricht sendet."

Ich werde ärgerlich. „Bist du seit neuestem ein Schüler dieses Gotteslästerers?"

„Du weißt doch, ich habe eine Schwäche für ihn, mein Freund Nikodemus hat mir viel von ihm erzählt und ..."

„Auch so ein heimlicher Anhänger."

Jitzhak steht auf. „Ich sehe, du bist erschöpft. Ruhe dich aus. Überdenke noch mal alles!"

Ich begleite ihn zur Tür, wir verabschieden uns.

„Karim!", rufe ich meinem syrischen Sklaven zu, „bereite mir ein Bad!"

Es dauert immer etwas, bis das Wasser heiß gemacht wird, aber schließlich kann ich in mein gekacheltes Bassin steigen. Herrlich entspannend. Ich bin Gott dankbar, dass ich diesen Luxus habe. Die Verantwortung ist manchmal anstrengend.

Während ich so daliege, geht mir das Gespräch mit Jitzhak nicht mehr aus dem Kopf:

Nur mal angenommen, Jeshua hätte mit allem, was er sagte und tat, recht gehabt ... Nur mal angenommen, es gibt nach dem Tod tatsächlich ein Weiterleben ...

Diese Gedanken sind beunruhigend. Wenn das stimmt, dann hätte ich alles falsch gemacht. Aber jetzt mal ehrlich: Kann jemand, der zum Hohepriester gewählt und von Gott bestätigt wurde, mit allem, was er sagt und tut, völlig falschliegen? Würde Gott nicht selbst darauf achten, dass sein Diener das Richtige tut?

Das ist mein einziger Trost.

Ich merke, wie ich müde werde, und rufe nach Karim.

Während er mich abtrocknet und mir frische Kleider bringt, sagt er: „Vorhin hörte ich Geräusche draußen. Als ich hinausging, sah ich einen Bettler mit offenen Wunden vor deiner Tür liegen. Ein durch und durch abstoßender und unreiner Bursche. Was soll ich mit ihm machen?"

Annekatrin Warnke

verurteilt

An meinen geliebten Neffen Pontius Marcus, es schreibt Pontius
Pilatus, fünfter Statthalter der römischen Provinz Judäa.

Lieber Marcus,

dein Brief kam heute gerade recht. Seit gestern bin ich in düsterer
Stimmung. Gesegnet sei deine spitze Feder! Der neueste Klatsch
aus meinem geliebten Rom hat mich ein wenig aufgeheitert.
Nun kann ich ja von deinen Sonnenstrahlen auf Papyrus nie
genug bekommen. Sie wärmen mich schon einige Jahre in dieser
unwirtlichsten und freudlosesten aller römischen Provinzen. Oft
genug habe ich bei dir klagen dürfen, meinen Unmut ausdrücken können: Warum geht Rom nicht härter vor gegen dieses
aufmüpfige Volk? Warum bin ich gehalten, mich mit den religiösen Autoritäten dieses unkultivierten Landes gutzustellen? Es ist
demütigend, so tun zu müssen, als nähme ich diese heuchlerische
oberste Priesterriege ernst ...
    Aber ich will dich nicht zum wiederholten Mal mit meiner
allgemeinen Empörung langweilen. Du wirst deinen alten Onkel
besser verstehen, wenn ich dir die jüngsten verstörenden Ereignisse schildere: Gestern, am frühen Morgen, brachte der jüdische Rat einen Gefangenen zu mir. Der Wortführer dieser Bande
war der Hohepriester Kajafas. Von diesem unsäglich religiösen
Machtmenschen habe ich dir mehrfach berichtet. Auch gestern

23

Morgen machte er sich nicht zu meinem Freund. Lautstark verlangte er zunächst, dass ich auf dem Vorplatz meines Palastes erscheine. Die Juden sind überzeugt, dass sie unrein werden, wenn sie das Haus eines Nichtjuden betreten. Unverschämtheit!

Aber die Politik Roms ließ mir keine Wahl. Ich musste diesem hochnäsigen Gesindel zu Willen sein. Du kannst dir denken, wie es um meine Laune bestellt war. Sie wurde nicht besser, als ich die Beschuldigung hörte, die Kajafas vorbrachte. Dieser Gefangene – sein Name war Jeshua – solle das Volk aufgewiegelt haben, weil er ein Gotteslästerer sei. Was interessiert es mich, ob dieser seltsame jüdische Gott verlästert wird oder nicht? Dieser Gefangene interessierte mich auch nicht. Ein Gesindel mehr oder weniger – was soll's?

Ich war willens, diese leidige Angelegenheit so schnell wie möglich hinter mich zu bringen. Zunächst legte ich dem jüdischen Rat nah, den Mann nach seinem eigenen Gesetz zu verurteilen. Aber sie wollten unbedingt ein Todesurteil haben. Hinrichtungen in besetzten Gebieten hat Rom sich vorbehalten, wie du weißt.

‚Nun gut‘, dachte ich. ‚Spreche ich halt das Urteil und kann dann in Ruhe zu meiner unterbrochenen Morgenmahlzeit zurück.‘

Und dann stand ich diesem Jeshua gegenüber. Ich hatte ihn in den Palast bringen lassen, um nicht länger auf meinem Vorplatz herumstehen zu müssen. Ich war spontan beeindruckt von diesem Mann.

Er wirkte überhaupt nicht wirr und rebellisch wie die meisten dieser jüdischen Wanderprediger, die bei ihren religiösen Führern in Ungnade fallen. Er war ruhig und gefasst, seine Ausstrahlung gefiel mir. Nicht einmal versuchte er, seine Ankläger schlechtzumachen oder sich zu verteidigen.

Und dann traf er mich mit knappen Worten mitten ins Herz. Ich fragte ihn: „Bist du der König der Juden?"

„Mein Königtum stammt nicht von dieser Welt", antwortete er. „Ich wurde geboren und bin in die Welt gekommen, um die Wahrheit offenbar zu machen und als Zeuge für sie einzutreten. Wem es um die Wahrheit geht, der hört auf mich."

Was soll ich sagen, liebster Neffe? Obwohl ich Jeshua eine entwaffnende Antwort gab, nämlich: „Was ist Wahrheit?", hatte ich doch das Gefühl, der Wahrheit gerade begegnet zu sein. Ich wollte nicht, dass dieser Mann gekreuzigt wird!

Statt zu meiner Morgenmahlzeit zurückzukehren, war ich nun bereit, mich für Jeshua einzusetzen. Also ging ich hinaus zu Kajafas und der übrigen Priestermeute und sagte ihnen: „Ich sehe keinen Grund, diesen Mann zu verurteilen."

Aber sie ließen nicht locker, behaupteten weiter, dass Jeshua das Volk aufwiegelt. Mir war klar, dass die Priesterschaft neidisch auf den Erfolg war, den Jeshua mit seiner Ausstrahlung bei der Bevölkerung hatte. Leider war mir auch klar, dass ich die religiösen Führer nicht brüskieren durfte. Wie schon gesagt – Rom und seine Besänftigungspolitik ...

Dann fiel mir Herodes ein. Da Jeshua aus Galiläa stammte, war dieser jüdische König von Roms Gnaden als Erster zuständig. Wenn ein Jude Jeshua freisprechen würde, könnte sich der Zorn der Priester nicht gegen Rom richten. Und ich wäre fein raus. Also schickte ich Jeshua zu Herodes, der glücklicherweise gerade in Jeruschalajim weilte.

Die Priester hatten unterdessen eine große Volksmenge gegen Jeshua aufgewiegelt. Als ich der Menge mitteilte, dass Herodes und ich Jeshua begnadigen wollten, schrien sie: „Nein! Kreuzige ihn!"

Ich habe dir ja schon mal von dem Brauch berichtet, dass ich zum jüdischen Pessachfest einen Gefangenen freigebe, den das Volk bestimmen darf. Gestern war der Tag vor diesem Pessachfest. Also guckte ich einen ganz üblen Buschen aus, der wegen Mordes im Gefängnis saß. Er heißt Barrabas. Ich stellte die Menge vor die Wahl, entweder ihn oder Jeshua zu begnadigen. Ich war unglaublich schockiert, als die Menge schrie: „Gib uns den Barrabas frei!" Ich verglich diesen üblen Gesellen mit Jeshua und verstand die Welt nicht mehr.

Und nicht, dass du denkst, ich hätte mir irgendwie die Sinne vernebeln lassen von einer charismatischen Persönlichkeit! Gut, ich kann mein Faible für ihn nicht erklären. Als ich Jeshua begegnete, war er auf den ersten Blick nicht anziehender als andere jüdische Verbrecher. Sein ehemals weißes Gewand war schmutzig, voller Schweiß und Blutstropfen. Eklig wirkte das, als hätte er Blut geschwitzt! Er sah völlig fertig aus nach einer langen Verhörnacht und roch auch nicht besonders gut. Trotzdem strahlte er Würde aus. Und irgendwie – ja. ich kann das nicht anders ausdrücken – Liebe. Oder Güte? Nicht nur Herodes und ich wollten Jeshua retten, deiner Tante Claudia ging es ganz genauso. Noch während ich auf dem Richterstuhl saß, schickte sie mir eine Botschaft: „Lass die Hände von diesem Gerechten! Seinetwegen hatte ich letzte Nacht einen schrecklichen Traum!"

Ach, Marcus, du ahnst nicht, was für eine Angst mich da ergriffen hat! Das war die dritte Bestätigung der Wahrheit: Jeshua war unschuldig! Ich selbst wusste das ja sofort, als ich mit ihm gesprochen hatte. Selbst Herodes, dieser leichtfertige Genussmensch, hatte das erkannt. Und nun stellte sich auch noch heraus, dass Claudia auf einem wundersamen Weg zur gleichen Erkenntnis gekommen war.

Verzweifelt versuchte ich, die Juden noch einmal davon zu überzeugen, Jeshua nicht hinrichten zu lassen. Aber sie schrien nur noch lauter: „Kreuzige ihn!" Ich versuchte sogar, Jeshua dazu zu bringen, mir Rede und Antwort zu stehen, um einen Beweis seiner Unschuld vorbringen zu können. Doch er sprach nicht mehr mit mir. Ich bedrängte ihn und sagte: „Vergiss nicht, dass ich die Macht habe, dich freizugeben, aber auch die Macht, dich ans Kreuz zu bringen!"

Er sagte: „Du hättest keine Macht über mich, wenn Gott es nicht zugelassen hätte."

Da hatte ich noch mehr Angst und wusste nur noch einen Ausweg. Auf die Idee hatte Herodes mich gebracht. Er hatte sich einen Spaß gemacht und dem fix und fertig aussehenden Mann ein Prachtgewand anziehen lassen. Das war grotesk und sah wirklich erbarmungswürdig aus. Ich dachte, diesen Eindruck könnte ich noch verstärken, und ließ Jeshua auspeitschen. Meine Soldaten verspotteten ihn und drückten eine Dornenkrone auf sein Haupt.

So – hilflos, beklagenswert und blutend – führte ich Jeshua noch einmal vor die Volksmenge. Ich hoffte auf ihr Mitleid, sagte nur: „Seht ihn euch an, den Menschen!"

Aber die Erregung der Menge wurde nur noch größer. „Kreuzigen, kreuzigen!", so riefen sie lauter und lauter.

Im Einklang mit der Politik Roms blieb mir nichts anderes übrig, als ihnen ihren Willen zu lassen. Aber ich wollte unbedingt ein Zeichen setzen. Ich ließ mir eine Schüssel mit Wasser bringen. Vor allen Leuten habe ich mir die Hände gewaschen. Dabei sagte ich laut und deutlich: „Ich habe keine Schuld am Tod dieses Mannes. Das habt ihr zu verantworten."

Ja, Marcus, ich weiß. Das war eine klägliche Vorstellung. Statt die Macht meines Amtes zu nutzen, habe ich mich dem Pöbel unterworfen – wider besseres Wissen und Gewissen. Aber du hättest diese Raserei der Menge erleben müssen! Da hätte ich nur mit Waffengewalt gegenhalten können. Und der Auftrag Roms lautet: Aufstände möglichst vermeiden. Das ist der Fluch eines hohen Amtes. Manchmal müssen persönliche Erkenntnisse zum Wohl des großen Ganzen hintanstehen.

Das soll dich aber nicht von deiner Entscheidung abhalten, im römischen Staat politische Karriere zu machen. Du hast da sicher eine glänzende Zukunft vor dir!

Ich selbst stecke immer noch mitten in den düsteren Grübeleien über mein Urteil. Gestern also wurde Jeshua gekreuzigt. Während dieser Zeit gab es mitten am Nachmittag stundenlange Sonnenfinsternis. Die war von unseren Auguren nicht angekündigt worden.

Du kannst dir vorstellen, wie mich – und auch Claudia – dieses Phänomen geängstigt hat. Sollte in der ganzen unglücklichen Geschichte doch eine höhere Macht das Sagen haben?

Am Sabbat heute herrscht Ruhe im ganzen Land. Der Leichnam von Jeshua ist noch vor Beginn dieses lähmenden wöchentlichen Ruhetags der Juden vom Kreuz genommen und begraben worden.

Kajafas hat mich genötigt, Wachen am Grab aufstellen zu lassen. Es ist mir eine Genugtuung, wie nervös dieser unsympathische religiöse Führer immer noch ist. Er sollte doch zufrieden sein. Jeshua ist tot! Aber Kajafas hat Angst: „Jeshua hat angekündigt, dass er am dritten Tag nach seiner Kreuzigung aufersteht. Seine Anhänger werden versuchen, seinen Leichnam zu stehlen, und behaupten, diese Auferstehung habe tatsächlich stattgefunden. Deshalb muss das Grab bis Montag bewacht werden", hat er mir aufgeregt befohlen. Befohlen! Er – mir! Aber gut – auch das habe ich noch im Sinne Roms getan und die Wachen abgestellt.

Das ist die unsinnigste Verschwendung römischer Steuergelder überhaupt! Am Montag werden wir die Soldaten für zwei Tage Würfelspielen vor einer Höhle bezahlen müssen.

Ich bin gespannt auf deinen nächsten Brief mit dem neuesten Klatsch aus Rom! Welche peinlichen Folgen für Kajafas aus seiner unnötig angeforderten Grabbewachung entstehen, erzähle ich dir im nächsten Brief. Möge der Hohepriester sich ordentlich blamieren!

Es grüßt dich, mit herzlicher Umarmung, dein Onkel Pilatus. Schicke die Grüße an meinen Bruder und die ganze Familie weiter. Vale!

Fabian Vogt

getragen

Hey, Wirt! Schenk noch mal ein!

Ja, ja, mach ruhig richtig voll. Randvoll. Los, nicht so schüchtern. Oder denkst du, ich kann nicht zahlen?

Was hast du denn? Ist es, weil ich schwarz bin? Weil ich aus Kyrene komme? Weil ich anders aussehe als ihr?

Hör mal: Ich zahle meine Steuern genau wie jeder hier. Und meine Söhne, Alexander und Rufus, die blechen auch. Und wie! Und sie gehen jeden Tag auf den Acker. Wie ich, Simon. Ja, wir sorgen dafür, dass ihr ... dass ihr alle was zu fressen habt.

Vergiss es.

Pass auf! Moment. Hier! Hier ist eine Münze.

Also, hör auf, mich so belämmert anzugucken, und gib mir noch was von dem Wein.

Du, ich mag es nicht, wenn man mich so anstarrt. Was hast du denn?

Ach so ...

Ist es wegen des Bluts auf meinem Gewand?

Wart mal ... hab ich etwa auch Blut im Gesicht?

Scheiße, ich bin ja überall total verschmiert. Warum sagt mir das denn keiner?

Du, echt, das tut mir leid. Wahrscheinlich sehe ich aus wie ein Schlachter. Oder wie ein Priester, der gerade ein Opfertier zerlegt hat. Oder wie ein Wahnsinniger.

Glaub mir, so fühle ich mich auch.

Aber um dich zu beruhigen, Wirt: Ich bin kein Mörder. Das hier ist zwar das Blut von einem Menschen, aber ich habe niemanden umgebracht. Im Gegenteil.

Hey! Was glotzt ihr denn alle so? Kümmert euch um euren eigenen Kram.

ICH HABE NIEMANDEN UMGEBRACHT!

Also braucht ihr auch keine Angst zu haben. Ich tu keinem was zuleide. Ich will einfach nur was trinken. Auf den Schreck. Auf das Wunder.

Hey, du da. Steck das Messer weg. Hast du nicht zugehört? Ich bin nicht gefährlich.

Ist schon gut. Ganz ruhig.

Passt auf, ich erzähle euch, was passiert ist.

Moment, ich will erst noch einen ordentlichen Schluck nehmen.

Also ...

Vorhin komme ich vom Feld zurück in die Stadt ... und freue mich unfassbar auf ein deftiges Essen. Sarah, die Frau meines Sohnes Alexander, kocht freitags immer einen richtig fetten Eintopf.

Doch als ich direkt hinter dem Tor entlanglaufe, sehe ich schon von weitem, dass sie wieder mal ein paar arme Schweine durch die Straßen treiben ... na ja ... irgendwelche Typen eben, die zum Tod verurteilt wurden ... und auf die vor der Stadt ein Kreuz wartet.

Gut, da bin ich halt hin. Ganz kurz.

Wollte nur schnell gucken, was das für Kerle sind.

Und ob dieser eine dabei ist ... ihr wisst schon ... dieser Jeshua, von dem sie alle seit Tagen reden. Der angeblich behauptet hat, er wäre der Messias, der von Gott verheißene Retter, auf den ihr Juden schon so lange wartet.

Na, ich bin kein Jude. Mir war die ganze Aufregung ziemlich egal. Aber wenn da einer so viel Aufmerksamkeit erregt, dann kann man ja mal einen Blick riskieren.

Und tatsächlich: Als ich mich zwischen zwei kräftigen, keifenden Frauen an den Straßenrand dränge, sehe ich ihn vor mir, keine zehn Meter entfernt.

Ich musste erst mal schlucken. Und wie.

Sie hatten ihn nämlich übel zugerichtet. Sein ganzer Körper war mit Striemen von Peitschen übersäht. Grausam. Und dazu haben sie ihm noch eine aus Dornenranken geflochtene Krone gewaltsam auf den Kopf gedrückt. Könnt ihr euch das vorstellen?

Glaubt mir: Die spitzen Dornen hatten sich richtig tief in seine Haut gegraben.

Ja, er konnte kaum noch etwas sehen, weil ihm das Blut aus den Wunden auf seiner Stirn direkt in die Augen gelaufen ist. Echt widerwärtig.

Doch dann ging auf einmal ein Raunen durch die Menge der Schaulustigen. Wie ein gemeinsamer unterdrückter Schrei.

Jeshua war hingefallen.

Unter der Last des Kreuzes zusammengebrochen. Einige lachten. Andere fingen an, miteinander zu diskutieren.

Der gefallene „Messias"! Der Retter am Boden.

Und weil er so viele Wunden hatte, färbte sich unter ihm schon der Boden rot. Ja, sein Blut floss in die Ritzen zwischen den Steinen.

Zwei Soldaten zogen ihn hoch, zurück auf die Beine – und befahlen ihm, gefälligst weiterzulaufen.

Einer der beiden trat Jeshua dabei kräftig in den Rücken, was ihn wie eine Puppe nach vorne schnellen ließ.

Doch er stand einfach nur da.

Nein, so kann man es nicht sagen.

Jeshua bemühte sich. Er versuchte verzweifelt, ein Bein vor das andere zu setzen.

Taumelte schon wieder.

Wankte.

Verzog das Gesicht vor Anstrengung.

Und atmete so laut, dass man es durch die gesamte Straße hören konnte.

Da hob der eine Soldat angewidert die Hand und deutete auf mich.

„Was? Ich?"

Ich versuchte, mich unauffällig zu verdrücken. Vor allem, weil ich es hasse, dass mich alle wegen meiner dunklen Haut für einen Sklaven halten. Ich bin kein Sklave. Ich bin ein freier Mann. Wie ihr.

Doch der Römer kam schon drohend auf mich zu.

„Du da. Hilf diesem Verbrecher, sein Kreuz zu tragen. Ja, dich meine ich. Beweg dich hier rüber. Oder möchtest du im Gefängnis landen?"

Ich verfluche dieses elende Recht, das den Besatzern die Macht gibt, uns einfach willkürlich für irgendwelche Dienste in Anspruch zu nehmen. Aber was blieb mir übrig. Ich musste gehorchen.

Zögernd lief ich auf diesen Jeshua zu. So langsam, dass mir der Soldat schon einen Stoß versetzte.

O Mann, dachte ich. Wie sollte ich denn diesen groben Balken anfassen? Wie sollte ich das Ding bloß hochwuchten? Schließlich hing da ja ein Mensch dran.

Schließlich wurde mir klar: Ich konnte das Kreuz nur auf eine Weise tragen ... dadurch, dass ich Jeshua selbst stützte.

So wand ich mich unter seinen rechten Arm, den sie schon an das Holz gebunden hatten, und legte meinen Arm um seine Hüfte, sodass er sein Gewicht ganz auf meine Schulter stützen konnte.

Er stöhnte kurz auf, weil ich vermutlich dabei in einige offene Wunden gegriffen hatte, aber es war wirklich der einzige Weg, ihm zu helfen.

Dann zog ich ihn mit mir. Schritt für Schritt. Die Straße entlang. Richtung Golgatha.

Danke, Wirt. Du erkennst, was ein Mann braucht. War mein Becher schon wieder leer? Na ja, Erzählen macht eben durstig. Das hast du gut erkannt. Gib hier dem Mann mit dem Messer auch noch einen Schluck. Er sieht so aus, als hätte er ihn nötig.

Wo war ich?

Genau, ich stolperte mit Jeshua durch die Menge. Angetrieben durch die erbosten Rufe der Römer.

Und dabei passierten lauter Dinge gleichzeitig.

Zuerst spürte ich, dass Jeshua, der anfangs noch verzweifelt versucht hatte, selbst zu laufen, sich auf einmal ganz auf mich fallen ließ. Ja, er ließ sich von mir tragen. Und ein tiefer Seufzer kam aus seinem blutverklebten Mund.

Ich hatte sofort den Eindruck, er wolle mir – oder sich selbst – damit was sagen. Ich weiß nicht genau, was. Aber es fühlte sich an wie: „Man wird erst dann ganz ein Mensch, wenn man lernt, sich von anderen tragen zu lassen"?

Vielleicht irre ich mich aber auch. Die Situation war so unglaublich verworren.

Auf jeden Fall fühlte es sich an, als sprächen wir miteinander. Lautlos. Über unsere Körperflächen, die aneinandergedrückt wurden. Und ich erkannte, dass in diesem zerschundenen, gemarterten und gedemütigten Körper trotz all des Leids eine ungeheure Kraft wohnte. Keine Kraft der Muskeln. Eine Kraft der ... keine Ahnung, wie ich es ausdrücken soll ... eine Kraft eben. Und zwar eine unglaubliche Kraft.

Als ich Jeshua gerade fragen wollte, was er mir denn sagen wolle, stürzte eine Frau vom Straßenrand auf uns zu, zog ein Tuch aus Muschelseide aus ihrem Gewand und wischte dem Mann zärtlich das Blut aus den Augen.

„Ich bin Veronika", sagte sie, „erinnerst du dich an mich, Jeshua? Ich bin die Frau, die zwölf Jahre lang an Blutfluss gelitten hat. Ich wurde geheilt, als ich dein Gewand berührte. Ich musste nur dein Gewand anfassen. Und mein Leiden war beendet. Das werde ich dir nie vergessen."

Aus Jeshuas Kehle kam ein Röcheln. Doch ich sah, dass er sie erkannte. Und er hielt ganz still, als der feine Stoff über seine Haut glitt.

Sofort kam der römische Soldat und riss Veronika weg. Brutal. „Lass die Verurteilten in Ruhe. Kapiert?"

Ich stapfte ängstlich weiter und sah noch aus den Augenwinkeln, dass die junge Frau völlig verblüfft auf ihr Tuch starrte, als hätte sich darin das Gesicht Jeshuas verewigt. Aber das war sicher nur eine Täuschung.

Ich kann nicht sagen, wie lange wir zusammen brauchten, Jeshua und ich, bis wir die Schädelstätte erreichten. Waren es fünfzehn Minuten? Oder eine ganze Stunde? Es kam mir vor wie eine Ewigkeit. Nein, als hätte ich schon Anteil an der Ewigkeit.

Irgendwann herrschte mich der Soldat an: „Das reicht. Den Rest schafft er allein. Verpiss dich!"

Ich schaute Jeshua fragend an.

Er nickte. Unmerklich.

Dann sagte er leise: „Simon, Schalom."

Er kannte meinen Namen? Dabei waren wir uns noch nie zuvor begegnet.

Doch das war nicht das Entscheidende.

Das Entscheidende begriff ich erst, als ich meine Hand ansah, die ganz mit seinem Blut bedeckt war.

Hier, seht ihr diese Hand?

Schaut genau hin. Ganz genau!

Fällt euch etwas auf?

Nein, natürlich nicht.

Und das ... das ist das Wunder.

Lasst es mich erklären ...

Als ich ein Kind war, da ist mir ein schwerer Holzbalken auf die Hand gefallen. Damals brach sie mehrfach – und wuchs völlig falsch wieder zusammen. Ja, meine Hand war verkrüppelt. Total schief ... etwa ...

Schaut, ich kann es gar nicht mehr richtig nachmachen. So schräg stand meine Hand all die Jahre ab. So!

Bis eben. Bis sie Jeshuas Körper auf seinem letzten Weg hielt. Und er mich heilte.

Jetzt greife ich den Becher mit Wein genau so wie jeder von euch.

Ihr glaubt mir nicht?

Meint ihr, das Erlebte hätte mir die Sinne verwirrt?

Oder: Ich hätte jetzt vor lauter Aufregung doch zu viel von dem guten Wein gekostet?

Dann kommt mit.

Ja, ihr alle.

Kommt mit in unser Haus. Da sind meine Söhne, meine

Schwiegertöchter und meine Enkel. Die werden euch bestätigen, dass ich ein Krüppel war.

Wirklich. Ich meine das ernst. Es ist gar nicht weit. Nur ein paar Minuten.

Ja, auch du. Steck dein Messer weg und vertraue. Einmal nur. Wisst ihr: Ihr müsst mir nicht glauben.

Ist ja auch egal.

Ich weiß nur eines: Wenn dieser Mann, dieser Jeshua, der Messias war ... also: Wenn er es ist, dann ist er nicht nur der Messias der Juden. Dann ist er der Messias für alle Menschen.

Selbst für mich, der ich schwarz bin und aus Kyrene komme.

Wollen wir los?

Sagt mir: Wer kommt mit?

Hannelore Schnapp

gekreuzigt

Sie sagen, im Angesicht des Todes würde dein ganzes Leben an deinen Augen vorbeilaufen. Es stimmt. Eine Flut voller Bilder und Eindrücke, ein Strom von Emotionen und Ereignissen, ein Wirrwarr aus Zeiten und Orten pulsieren durch meinen gequälten Leib.

Ich bin wieder Kind und stehe auf der Durchgangsstraße meines galiläischen Dorfes, fasziniert von der Staubwolke, die immer näher kommt. Unter mir spüre ich das Beben der Erde vom Dröhnen der Pferdehufe. Ich bin fünf Jahre alt. Mein kleiner Arm weist mit ausgestrecktem Finger auf die drohende Gefahr.

Trotzdem laufe ich nicht weg, als die Reiter unser Dorf erreichen. Auch nicht, als sie an mir vorbeipreschen, Frauen, Kinder, Männer und Alte wie Vieh aus den Häusern treiben, um sie brutal zu töten. Ich bleibe wie angewurzelt stehen, trotz der Hilfeschreie, trotz der Angst um meine Eltern und Geschwister, trotz der Gefahr für mein eigenes Leben.

Ich bleibe immer noch stehen, scheinbar unsichtbar für die feindlichen Besatzer, als sie nach ihrer Tat davonreiten. Ich bleibe den ganzen Tag stehen, selbst als der Abendwind sanft über meine Tränen streicht und die Schakale, vom Blut der Toten angelockt, durch die Straßen streifen.

Auf einmal ist da seine Hand, die die meine fasst. Ich schaue an ihr hoch und entdecke den jungen Mann. Sein langes schwarzes Haar weht durch sein sonnengegerbtes Gesicht. Zarter Bartwuchs umspielt seinen Mund. Seine zerrissenen Kleider riechen nach Schweiß und Straße.

„Komm mit!", fordert er mich auf. Er führt mich durch mein Dorf. Ich entdecke Kinder, mit denen ich gespielt habe. Warum schlafen sie auf der Erde? Neben ihnen schlafen die Nachbarn meiner Eltern. Vor unserem Haus finde ich meinen Vater und meine Mutter, die schützend über meinen Geschwistern liegen.

Ich reiße mich los, schüttele ihre Körper. „Ihr könnt jetzt aufwachen. Sie sind weg!" Aber sie reagieren nicht.

„Steht doch endlich auf!", schreie ich sie an.

„Sie stehen nicht mehr auf. Nie mehr", sagt der Fremde mit tiefer Stimme. „Sie sind tot. Du hast als Einziger das Massaker überlebt. Schau dir gut an, was unsere Feinde mit uns machen, und vergiss niemals, was du hier gesehen hast. Komm mit mir und lerne zu hassen!"

Der Schmerz holt mich zurück in die Gegenwart. Ich hänge am Kreuz auf Golgatha. Meine Feinde haben über mich gesiegt. Pilatus, dieser römische Schlächter, hat Barrabas und unserer Terrormiliz eine Falle gestellt – und wir sind hineingetappt wie ahnungslose Kinder.

Er hat uns den Prozess gemacht. „Mord an Hunderten römischer Soldaten. Brandanschläge auf die Zelte der Legionen. Raub und Diebstahl an römischen und jüdischen Bürgern. Waffenschmuggel und Terroranschläge gegen den Kaiser und die Weltmacht Rom. Im Namen des römischen Volkes und im Auftrag des römischen Kaisers verurteile ich euch zum Tod am Kreuz", verkündigte der Statthalter in tiefer Zufriedenheit unsere Todesurteile.

Eine Sorge weniger mit diesem aufmüpfigen Volk und seinen Fanatikern. Doch es kam anders. Barrabas hatte Glück, denn in der Amnestie anlässlich des Pessachfestes wurde er freigesprochen. Statt seiner hängt zu meiner Linken nun dieser Jeshua aus Nazareth neben mir am Kreuz.

Warum? Er hat doch für Liebe und Frieden in dieser Welt gelebt. Er hat nur Gutes getan und niemandem etwas Böses gewollt. Er hat Wunder vollbracht und war den Ärmsten der Armen näher als wir. Wie wäre mein Leben verlaufen, wenn ich ihm gefolgt wäre und statt zu hassen zu lieben gelernt hätte?

Die Nächte sind kalt, und ich muss auf dem steinigen Boden schlafen. In der Hitze des Tages gibt es kaum Wasser, und zu essen bleiben für mich nur die spärlichen Reste, die Barrabas und seine Gotteskrieger übrig lassen.

Meine Kindheit ist vorbei. Ich muss ein Mann werden. Ein Krieger wie sie, und da ist Härte die beste Schule. Meine Erinnerung an mein Dorf und die Gewalttat der Römer an meiner Familie sitzt mir wie ein Stachel im Fleisch. Sie wird geschürt durch die Hassreden der Krieger. Bei jedem Anschlag, bei jeder Tat wird sie wieder lebendig.

„Schau gut hin. Das haben dir unsere Feinde genommen. Sie sind schuld daran", sagen die Männer, wenn ich als kleiner Waffenträger in der Ferne Frauen und Kinder in den Dörfern und auf den Feldern beobachte.

Ich darf nicht weinen. Ich muss tapfer sein. Ich soll hassen. Immer wieder hämmere ich mir die Worte in den Schädel. Und es funktioniert. Mit 12 Jahren bin ich ein Krieger wie sie. Ich töte, raube, brandschatze im Namen Gottes, der nicht so handelt, wie er handeln sollte. Der uns auf unseren Retter, den Messias, warten lässt und uns der Qual der Besatzungsmacht preisgibt. Wir verkörpern sein Reich, seine Macht, seine Herrschaft auf Erden.

Nicht dieser Wanderprediger, dieser Jeshua, der wohl von sich sagt, er sei der Messias. Dieser leise, friedvolle, unauffällige Mensch. Dieses Sandkorn im Getriebe der Weltmacht Roms. Dieser kleine Prophet, der der Priesterschaft und den Gelehrten ein Dorn im Auge ist, weil er die Massen anzieht und von der Liebe Gottes redet.

*Und die Leute laufen ihm nach, lassen sich bezaubern und hinrei-
ßen, statt sich zu wehren. Sind wie betäubt von seinen Worten. „Lie-
bet eure Feinde!" – „Nein! Hasst sie!", schreit es in mir auf. „Segnet,
die euch verfluchen!" – „Nein! Tötet sie!", rebelliert es in mir. „Du
wirst sehen, wohin dich deine Liebe bringen wird."*

Ich schaue zu ihm hinüber. Sie haben ihm eine Dornenkrone
aufgesetzt. Über ihm bringen sie ein Schild an: Jeshua von Nazareth, König der Juden. Unten herrscht großer Tumult. Die
Priesterschaft verlangt von den römischen Wachen, dass sie das
Schild abhängen. Ein König –, ihr König –, der den Sklaventod
am Kreuz stirbt? Das geht gar nicht. Selbst bei seiner Hinrichtung wird dieser Mensch noch zur Provokation.

Wenn er wirklich Gottes Sohn ist, warum greift Gott dann
nicht ein? Warum hat Gott nicht in mein Leben eingegriffen?
Warum hat er geschwiegen, als ich ihn am meisten gebraucht
habe? Warum muss ich sterben, obwohl ich im Namen Gottes
gekämpft habe? Warum muss dieser Jeshua sterben, obwohl er
mit jeder Faser seines Seins Gottes Liebe unter den Menschen
gelebt hat? Hier am Kreuz sterben Liebe und Hass Seite an Seite.

Ich entdecke einige Frauen und Männer, die ihm nahestehen.
Müssten es nicht viel mehr sein? Wo sind sie alle? Hat er nicht
das Leben von so vielen verändert?

Dass um mich keiner weint, ist mir klar. Selbst Barrabas, der
freigesprochen wurde, ist das Pflaster unter dem Kreuz zu heiß.
Wir, der andere und ich, bringen ihm jetzt keinen Nutzen mehr.
Hat er uns für seine Pläne missbraucht? Waren wir nur Werk-
zeuge seines eigenen Hasses gegen die Römer? Hat er unser Ge-
hirn vernebelt und unser Elend ausgenutzt?

Zu spät, mir diese Fragen zu stellen. Zu spät, denn der Tod
durchzieht meinen Körper. Zu spät für Liebe und Vergebung?

Da höre ich die Stimme des anderen. Böse, hasserfüllte Worte. Sie gelten nicht mir, sondern Jeshua von Nazareth. „Schau dich an, du König der Juden. Du willst Gottes Sohn sein? Der verheißene Messias und Retter? Wenn du es wirklich bist, dann hilf dir doch selbst und steige vom Kreuz hinunter."

„Wie kannst du so etwas sagen?", schreie ich ihn mit letzter Kraft an. „Fürchtest du Gott nicht einmal in deiner Todesstunde? Wir haben gemordet und geraubt, die Menschen terrorisiert und ihr Zuhause zerstört, weil wir glaubten, im Auftrag Gottes das Richtige zu tun. Dieser aber hat nichts getan, sondern Gottes Liebe zu den Menschen gebracht. Er stirbt unschuldig, während wir den Tod verdient haben."

Dann wende ich mich Jeshua zu. Seine trüben, schmerzerfüllten Augen berühren die meinen. Vielleicht ist das meine letzte Chance, Frieden zu machen mit mir, mit Gott und der Welt und einen Hauch von Vergebung zu erfahren. Ich lasse mein Herz sprechen, als ich zu ihm sage: „Jeshua, denke an mich, wenn du in dein Reich kommst!"

Da entdecke ich auf seinen trockenen Lippen ein zartes, liebevolles Lächeln: „Ich verspreche es dir. Noch heute wirst du mit mir im Paradies sein."

Ich bin klein und komme nach dem Spielen nach Hause. Durch die Tür meines Elternhauses fällt das Abendlicht. In ihr steht eine Gestalt, die ich nicht deutlich erkennen kann. Sie hat ihre Arme weit geöffnet, um mich zärtlich zu umfangen, mich behutsam aufzuheben. Ich spüre ihre Wärme. Da sind so viel Liebe, Annahme und Vergebung. Ich bin frei, weil mich eine andere Macht hält.

Endlich zu Hause. Zu Hause im Paradies.

Mathias Jeschke

erkannt

Wenn ich an jene Zeit zurückdenke, in der ich als Söldner in der römischen Legion gedient habe, kommt mir jedes Mal als Erstes der Abend auf dem Schiff im Hafen von Caesarea Maritima in den Sinn, der zu einem Anfang wurde in meinem Leben.

Wir wurden verlegt, das heißt, wir hätten verlegt werden sollen, nach Nordafrika. Niemand weiß, was uns dort erwartet hätte, außer großer Hitze und einem Haufen Ungeziefer und wilden Tieren. Niemand von uns ahnte, mit welchen Gefahren wir konfrontiert worden wären. Möglicherweise wäre es dort gekommen, das so oft ins Auge gefasste frühzeitige Ende. Ich will nicht sagen, dass ich Angst gehabt hätte vor diesem fremden, dunklen Kontinent Afrika, aber es hatte sich eine große Unruhe meiner Seele bemächtigt. Und wenn ich mich an diesen Abend auf dem Oberdeck des schwankenden und knarzenden Schiffes im trostlosen Hafen von Caesarea zurückerinnere, bin ich mir ziemlich sicher, dass es den anderen, meinen Freunden, auch so gegangen ist.

Melancholisch war uns allen zumute, das war deutlich zu spüren. Keiner dachte auch nur daran, die alten Lieder, bei denen wir sonst so viel Spaß hatten, anzustimmen. Der Weinkrug kreiste zwar wie immer, aber diesmal tranken wir schweigend und nachdenklich. Wir warteten. Und wir wussten nicht, warum es nicht endlich losging, warum wir diesen trostlosen Hafen nicht endlich verließen, ablegten, um einen weiteren beliebigen Ort in dieser riesigen römischen Welt unserer Sammlung von Standorten hinzuzufügen.

Wer weiß, wo die anderen heute stecken? Wir haben uns längst aus den Augen verloren. Damals jedenfalls waren wir vier unzertrennlich. Was hatten wir nicht alles miteinander durchgestanden. Und jetzt sollte es also Afrika werden.

Es war schon längst dunkel, die Sterne standen an einem wolkenlosen Himmel. Zu unserer vertrauten Runde hatte sich an jenem Abend ein Fremder hinzugesellt, ein Römer. Er erzählte, dass er von Malta stamme. Und er war ein Hauptmann – stelle sich das einer vor: Setzt sich doch tatsächlich ein Offizier in unsere Runde, schmeißt seinen Helm mit diesem komischen Querbesen neben sich auf die Decksplanken und lässt sich ächzend nieder! Blickt uns an und fragt uns, was wir erlebt hätten in diesem eigenartigen Land, als wären wir nicht schon in beinahe jedem Land gewesen, in das die römischen Legionen ihren Fuß gesetzt haben, als könnten wir unsere Erlebnisse an all diesen Orten überhaupt noch auseinanderhalten, ja, als wäre das alles irgendwie wichtig oder bemerkenswert!

Keiner von uns vieren hatte große Lust, auf die Frage des Hauptmanns, der, wie er sagte, Longinus hieß, zu antworten. Wir hatten auch ihm einen Becher gereicht, und er hatte sich aus dem Krug eingeschenkt. Die Sterne standen hoch über uns und erwiderten unser Schweigen. Nachdem eine Weile lang überhaupt niemand etwas gesagt hatte, jeder hing seinen eigenen Gedanken nach, räusperte sich der Fremde und begann zu sprechen: „Ich weiß nicht, ob ihr je von einem Mann namens Jeshua gehört habt, Jeshua von Nazareth?"

Keiner von uns sagte etwas, ich jedenfalls hatte den Namen noch nie gehört.

Der Römer sprach weiter: „Ich", sagte er mit tiefer, ruhiger

Stimme, „gehöre zu denen, die ihn umgebracht haben. Er war in all den Jahren nicht der Einzige. Aber er ist immer noch derjenige, der mich nachts nicht schlafen lässt.

Zum ersten Mal hatte ich von diesem Mann Jeshua gehört, als ein Kamerad aus einer anderen Einheit, die eine Zeitlang in Kapernaum stationiert war, mir in der Mensa erzählte, dass sein Adjutant von einem Wanderprediger namens Jeshua geheilt worden war. Er berichtete, dass der Soldat auf ein Wort Jeshuas hin gesund geworden sei, als er selbst mit ihm einige Straßen von dem Haus entfernt, in dem der Soldat krank und unfähig aufzustehen lag, auf der Straße gestanden habe. Dann kam er eines Tages in die Stadt. Ich hörte von einem großen Aufruhr in den Straßen. Die Leute machten einen enormen Lärm um diesen Jeshua. Und es hieß, dass die Theologen in der Stadt ganz und gar nicht einverstanden waren mit ihm, mit dem, was er sagte und tat. Sie fühlten sich gestört in der gemütlichen Ruhe, die ihr Amt ihnen ermöglichte, in ihrer Vormachtstellung. Denn sie sahen sich als Hüter des rechten Glaubens und fühlten sich angegriffen von Jeshua, der Sachen behauptete, die ihnen ganz und gar nicht in den Kram passten.

Er sei der Sohn Gottes.“

In diesem Moment trat der Wachhabende aus der Dunkelheit vor den Mast, grüßte den Hauptmann und fragte uns: „Na, Männer, alles in Ordnung?“

Wir nickten und brummten, und er ging weiter Richtung Achterdeck.

Der Hauptmann blickte ihm versonnen nach, wir sahen ihn erwartungsvoll an, und dann sprach er weiter: „Jeshua hatte von sich behauptet, er sei der Sohn Gottes. Und das konnten sie ihm nicht abnehmen, das konnten sie ihm auch nicht verzeihen. Dafür sollte er sterben. Darüber waren sie sich sehr schnell einig geworden.

Sie zerrten ihn vor den Obersten ihrer Priester, dann schleppten sie ihn zum Statthalter. Pontius Pilatus wollte wie immer mit der Sache nichts zu tun haben. Und am Ende war es entschieden. Er sollte gekreuzigt werden. Die Menge hatte fleißig mitgebrüllt. Und ich hatte Dienst. Ich war an der Reihe. Ich sah ihn an und wusste, dieser Mann hat etwas, was ich noch nie zuvor bei irgendjemandem wahrgenommen hatte. Er sah mich an, wie ich noch nie angesehen worden war. In seinen Augen war so ein Licht, eine erschreckende Klarheit. Sogar noch in dieser Situation, in der sein Leben gewaltsam zu Ende gebracht werden sollte.

Ich war derjenige, der den Soldaten befahl, all diese schrecklichen Dinge zu tun, Jeshua abzuführen, ihm den Balken auf den Rücken zu legen, ihn den Berg hinaufzutreiben, seine Hände und seine Füße mit den Nägeln aus Eisen ans Holz zu schlagen.

Auf meinen Befehl hin richteten sie das Kreuz auf. Links und rechts von ihm machten sie das Gleiche mit zwei Verbrechern. Aber ich hatte nur Augen für diesen Jeshua, ich konnte meinen Blick nicht von ihm wenden. Ich spürte, dass es kälter wurde, ein kräftiger und unangenehmer Wind kam auf. Der Himmel hinter ihm verdunkelte sich. Mitten am Tag wurde es dunkel wie in der Nacht. Die Leute, die sensationslüstern herumstanden, riefen irgendetwas, ich verstand kein Wort.

Ich blickte wie gebannt auf diesen Jeshua. Plötzlich rief er etwas vom Kreuz herab in seiner Sprache. Und dann sah er mich an. Erst meinte ich, er blickte hilfesuchend, es konnte ja, so dachte ich, nicht anders sein. Aber dann mit einem Mal sah ich das Liebevolle in seinen Augen. Er blickte mich an voller Liebe. Noch nie und nie wieder hat mich ein Blick so getroffen. Er kennt mich, das wurde mir plötzlich klar.

Ich wusste nicht, wie und woher, aber das wusste ich: Er kennt mich, und er liebt mich. Obwohl ich doch derjenige war, der ihm diese Qualen zum Tode bereitete.

Ich war nahe daran, meinen Leuten zuzurufen, dass sie das Kreuz senken und ihn wieder abnehmen sollen, da schrie er plötzlich laut auf. Der Schrei erschütterte mich, und dann sank ihm der Kopf auf die Brust. Es war mir vorher noch nie passiert, aber mit einem Mal musste ich heftig weinen. Und während mir der Wind in die Augen fuhr, sah ich vor meinem inneren Auge diesen Blick voller Liebe, der sich mir tief eingebrannt hatte, und ich dachte: *Ja, es stimmt, dieser Mann war wirklich Gottes Sohn.*

Diesen Satz hatte ich offensichtlich laut ausgesprochen, denn die Leute um mich herum sahen mich erstaunt an. Einige wandten sich amüsiert ab und machten sich auf den Weg zurück in die Stadt. Andere fingen an, miteinander zu flüstern. Keiner verstand wirklich, was hier geschehen war."

Der Hauptmann wandte seinen Blick hinauf zu den Sternen. Es war lange her, dass sich einer von uns bewegt hatte. Mir war die Kehle trocken geworden, und ich schenkte mir aus dem Krug ein, die anderen taten es mir nach, auch der Hauptmann nahm sich noch einen Schluck und sagte: „Ich trage diesen Blick und diesen Schrei noch heute in meinem Herzen. Und ich komme von diesem Jeshua nicht mehr los. Er hat mein Herz für sich gewonnen, für immer."

Da kam der Wachhabende zum zweiten Mal zu uns und drängte uns, unter Deck zu gehen und die Nachtruhe einzuhalten. Schon am nächsten Tag wurde uns mitgeteilt, dass das Kommando zurückgenommen worden war. Nun wurde es also doch nichts mit einem frühen Tod in Afrika, und das ist mir heute noch sehr recht.

Seit einigen Jahren schon gehöre ich zu den Christen hier in meiner Heimat, ich bin einer der Gemeindeältesten. Meine Zeit bei der Legion liegt lange zurück. Ich habe den Hauptmann nie wiedergesehen. Aber ich bin meinem Gott unendlich dankbar für diesen Abend auf dem Schiff, als ich diesem Hauptmann zuhören durfte, der von meinem Herrn Jeshua gesehen wurde, der von seinem Blick und seinem Schrei ins Herz getroffen worden war.

Bodo Mario Woltiri

ausgezeichnet

Taddäus betrachtete seinen Sohn. Nicht die ganze Zeit, aber immer dann, wenn er die Feder in das Tintengefäß tauchte, hob er den Blick und schaute ihn an. Obwohl er in letzter Zeit viel über Antonius' Zukunft nachdachte, schweiften seine Gedanken heute zunächst in die Vergangenheit.

Vor fünfzehn Jahren war er nach Rom gekommen. Als Lohnschreiber konnte er es hier noch viel weiter bringen als in seiner Heimat Judäa. Dort hatte er sein Handwerk gelernt – von seinem Vater, der als jüdischer Lohnschreiber für die römischen Besatzer gearbeitet hatte. Er war dort gestorben, hatte ihm aber noch viel mit auf den Weg geben können. Zum Schluss sogar diese Holztafel mit der geheimnisvollen Inschrift.

Ein Geheimnis war sie jedoch nur für seinen Sohn; dem wollte er es nun endlich erklären. Jetzt, wo Antonius das Schreiben gelernt hatte, musste Taddäus sein Versprechen einlösen.

Der nächste Morgen war strahlend hell, und die Vögel sangen um die Wette. Als hätte jemand einen Preis ausgesetzt für die schönste Melodie.

Antonius setzte sich auf, lauschte den Vögeln und den Geräuschen im Arbeitszimmer. Er ging in die Speisekammer, holte sich ein Stück Brot und einen Becher, den er mit frischem Wasser füllte. Damit ging er in das Arbeitszimmer seines Vaters und setzte sich ihm gegenüber auf eine Bank.

Der Vater war dabei, sein Schreibwerkzeug vorzubereiten. Das Federmesser in der einen, die geschwungene Fasanenfeder in der anderen Hand, schaute er Antonius lange an. Dann beugte er sich über die Feder, schnitt sie mit dem Messer spitz und legte beides zur Seite.

„Ich habe letzte Nacht geträumt, dass du heute das Geheimnis der Tafel lüftest", sprach Antonius undeutlich in ein herzhaftes Gähnen hinein.

„Ja", erwiderte Taddäus, „heute werde ich es dir erzählen. Aber iss erst dein Brot und trinke, dann höre mir zu."

Der Junge konnte die Brotstücke gar nicht schnell genug kauen und mit Wasser hinunterspülen, so aufgeregt war er.

„Lass dir Zeit mit dem Kauen und Trinken. Denn mit dem Essen ist es wie mit guten Geschichten: Man muss sie auskosten und genießen, sonst verschluckt man sich daran und hat am Ende gar nichts davon."

Taddäus ergriff einen Stuhl, stellte ihn an die Wand hinter seinem Arbeitspult, stieg hinauf und nahm die kleine Holztafel ab. Dann setzte er sich, die Tafel vor sich auf den Knien, auf die Bank neben seinen Sohn und begann zu erzählen:

„Du weißt, ich habe mein Handwerk von meinem Vater gelernt. Wir lebten in Judäa, das war damals eine Provinz unter römischer Verwaltung. Mein Vater bekam – neben seinen regelmäßigen Einkünften aus dem Schreiben von Pachtverträgen – viele Aufträge vom römischen Statthalter, Pontius Pilatus. Denn dein Großvater Flavius beherrschte drei Sprachen: neben seiner Muttersprache Hebräisch auch Latein und Griechisch. Darum war er sehr gefragt, wenn es um Schriftstücke ging, die in allen drei Sprachen abgefasst werden mussten.

Eines Tages, es war am Tag vor dem Pessachfest, wurde er zu Pilatus gerufen. ‚Ein eiliger Auftrag, der sofort ausgeführt werden muss', hatte der Bote des Statthalters ihm bedeutet. Solche Eilaufträge waren nicht ungewöhnlich. Merkwürdig war nur der Ort, an dem er sich diesmal einfinden sollte: Es war die Schädelstätte, die von uns Juden Golgatha genannt wurde. Eine Anhöhe vor den Toren der Stadt, wo die Römer die zum Tod Verurteilten kreuzigten. Was sollte es an diesem Ort des Todes und der Qualen zu schreiben geben?

Also ging dein Großvater nach Golgatha und meldete sich bei einem wachhabenden Soldaten am Fuße des Hügels. Dieser winkte einen anderen herbei, der eine Holztafel in der Hand hielt und sie Flavius übergab: ‚Wir haben heute eine Hinrichtung von drei Verbrechern. Wie du weißt, lässt der Statthalter den Schuldspruch immer öffentlich bekannt machen. Schreib also auf diese Tafel für Jeshua aus Nazareth die Schuld des Verurteilten: *König der Juden.*'

Flavius fragte ihn: ‚Und wo soll ich die Tafel befestigen?'

Der Soldat antwortete: ‚Gib sie den Soldaten auf Golgatha, die werden sie später ans Kreuz nageln.'"

Taddäus schwieg, schaute auf die Tafel auf seinen Knien und dann auf seinen Sohn. Antonius hatte mit wachsender Spannung seiner Erzählung gelauscht. „Dieser Jeshua, der Nazarener, ist das vielleicht derselbe Jeshua, von dem neulich dieser Mann erzählt hat, den wir besucht haben und dessen Erinnerungen du gerade schreibst?"

„Paulus heißt er, und es ist derselbe Jeshua, der damals gekreuzigt wurde", antwortete Taddäus.

„Es heißt, dieser Paulus ist der Anführer einer jüdischen Sekte, die an einen hingerichteten Verbrecher glaubt!?", fragte Antonius erstaunt.

„Nein, so ist es nicht. Bitte lass mich die Geschichte weitererzählen, dann wirst du es verstehen." Taddäus trank einen Schluck Wasser und setzte seine Erzählung fort:

„Dein Großvater Flavius machte sich also an die Arbeit. Er maß das Holz mit seinem Maßstab, den er immer bei sich trug, um die Maße der Schriftzeilen und die Höhe und Weite der Buchstaben zu bestimmen. Dann ritzte er die Buchstaben in das Holz, holte aus seinem Beutel das Schreibwerkzeug und füllte die Ritzen.

Als er fertig war, hielt er die Tafel vor sich und betrachtete nachdenklich die drei Zeilen in den drei Sprachen Latein, Griechisch und Aramäisch, dem hebräischen Dialekt, der bei uns gesprochen wurde:

Rex Iudaeorum

ὁ βασιλεὺς τῶν Ἰουδαίων

אידוהיד אכלמ

Er übergab die Tafel den Soldaten, ging aber nicht wieder nach Hause zurück. Denn er wollte diesen ‚König der Juden' sehen. Vielleicht würde er von anderen erfahren, warum ihn dieser Titel das Leben kostete.

Normalerweise wurde die Tafel mit dem Schuldspruch vor dem Hinzurichtenden hergetragen, aber dafür war keine Zeit gewesen. Nun sollte sie erst am Hinrichtungsort angebracht werden.

Flavius stieg also den Todeshügel hinauf. Von dort oben konnte er bereits die lärmende Menge erkennen, die den Zug der Todgeweihten begleitete. Sie waren schon am Fuße des Hügels angelangt.

Flavius sah, wie der Zug ins Stocken geriet, weil einer der Verurteilten unter dem schweren Holzbalken des Kreuzes zusammengebrochen war. Er hatte schon viel über die abscheulichen Kreuzigungen gehört. Nun würde er sie zum ersten Mal mit eigenen Augen sehen. Und er war sich nicht sicher, ob er das wollte, geschweige denn aushalten würde. Schon der Gedanke an die aufgeputschte, sensationsgierige Menschenmenge widerte ihn an.

Dennoch blieb er stehen und sah zu, wie der grausige Zug sich wieder in Bewegung setzte und den Hügel hinaufkroch. Wie eine riesige Schlange, die zischelnd auf ihr Opfer zu kriecht. Nur dass diese Schlange ihr Opfer bereits verschlungen hatte, bevor es qualvoll starb.

Dein Großvater Flavius erfuhr erst nach der Kreuzigung Einzelheiten über den Prozess gegen Jeshua. Der Hohe Rat in Jeruschalajim oder zumindest die Mehrheit im Sanhedrin sah ihn als Aufwiegler an, und – was noch schlimmer war – sie bezichtigten ihn der Gotteslästerung.

Damit konnten sie allerdings nicht Pilatus überzeugen, der sah das als innerjüdische Angelegenheit an. Also versuchte man, Jeshua auf die Königsrolle festzunageln. Das alles wusste Flavius zu diesem Zeitpunkt noch nicht.

Er sah dem Spektakel also weiterhin zu: Ein anderer Mann trug inzwischen das Kreuz Jeshuas den Hügel hinauf, während zwei Soldaten den Verurteilten auf den letzten Metern zum Gipfel stützten. Dann wurde die Tafel auf dem Pfahl befestigt. Einige Soldaten würfelten um seine Kleider, die sie ihm auszogen und unter sich aufteilten. Dann schlugen sie ihn mit großen, langen Nägeln an den Pfahl. Bei jedem Schlag stöhnte er auf. Es muss für Flavius schrecklich gewesen sein, das alles mit anzusehen."

Taddäus hielt inne und nahm einen Schluck Wasser. „Am nächsten Tag ging er zurück nach Golgatha. Er war neugierig. Er wollte wissen, ob es wirklich stimmte, dass die Römer die Gekreuzigten dort auch nach ihrem Tod hängen ließen. Als Warnung für Aufständische und Verbrecher.

Als er dorthin kam, hingen aber nur die Leichname der beiden anderen an den Pfählen. Der mittlere Pfahl lag am Boden. Später erfuhren wir, dass Jeshuas Jünger ihn entfernt und bestattet hatten und dass er nach drei Tagen vom Tod auferstanden sei. Das erwähnt auch Paulus in seinen Erinnerungen. Er hat mir auch seine Begegnung mit dem Geist des Auferstandenen in die Feder diktiert, aber das ist eine andere Geschichte.

Also zurück zu deinem Großvater. Der stand nun staunend vor dem leeren, liegenden Pfahl. Dann sah er die Tafel, löste sie vom Marterwerkzeug und nahm sie mit nach Hause. Für ihn war es, und für uns ist es ein Stück Erinnerung an das Unglaubliche, was damals geschah.“

Taddäus sah seinen Sohn an, nahm seine linke Hand und umschloss sie mit seiner rechten. Dann legte er die Holztafel in seine rechte Hand: „Sie gehört ab jetzt dir. Ich wünsche mir, dass du diesen Schatz hütest wie deinen eigenen. Und dass du diese Geschichte zu deiner eigenen machst. Natürlich weißt du vieles noch nicht, aber du wirst es herausfinden. Ich werde dich noch oft mit zu Paulus nehmen, damit du mehr erfährst über das Geheimnis dieses Mannes Jeshua, der als Verbrecher starb. Dessen Geist aber bis heute weiterwirkt unter den Menschen.“

Antonius schaute seinen Vater an, dann auf die Holztafel: „Darf ich sie jetzt gleich mitnehmen in meine Kammer?“

„Aber ja, mein Sohn, nimm sie mit“, antwortete Taddäus. Er setzte sich wieder an den Tisch und las die letzten Zeilen, die er am Vorabend im Namen von Paulus geschrieben hatte: „Wir sind ein Brief Jesu Christi, geschrieben nicht mit Tinte, sondern mit dem Geist des lebendigen Gottes, nicht auf steinerne Tafeln, sondern auf fleischerne Tafeln, nämlich eure Herzen."

Marlis Büsching

verraten

Ich habe an seinem Grab gestanden. Dem Grab von Jeshua. Ich bin auf die Knie gefallen. Tränenüberströmt.

„Mein Gott, mein Gott ..."

Und plötzlich sind sie über mich hergefallen, die Bilder, wie wilde Tiere ... die Bilder der Erinnerung. Und ich sah noch einmal alles vor mir.

Im Morgengrauen wache ich auf. Heute werde ich ihn treffen unter den Oliven des Gartens von Gethsemane. Es wird anders sein als sonst.

Mein Name ist Judas – mit dem Beinamen Iskariot, was bedeutet: Mann aus Kariot. Qerijot im Hebräischen bedeutet auch Begegnungen. Gewissermaßen bin ich ein Mann der Begegnungen. Nie mehr loslassen wird mich die Begegnung mit dem Einen.

Wie aus dem Nichts kam er – der Eine –, genannt Jeshua aus Nazareth, und ließ mich Teil seiner Bewegung werden. Er berief mich in seine Jüngerschar. Ich bin einer der zwölf, der einzige aus Juda, einem Land, das den Namen eines der Stämme Israels trägt. Wir lebten und arbeiteten für eine großartige Mission, drei Jahre gemeinsam mit ihm, unserem Lehrmeister. Er war anders, so faszinierend anders, so wunderbar tiefgründig. Auch stur und hart konnte er sein. Als er dem schwunghaften Handel mit Opfertieren im Tempel ein jähes Ende bereitete. Da war er außer sich vor Zorn. Flocht sich eine Geißel und trieb sie alle hinaus, die Geschäftemacher samt ihren Schafen, Rindern und Tauben. Ein tierischer Aufruhr war das, richtig durchgegriffen hat er, der eigentlich Sanftmütige. Da gefiel er mir. Mit der Geißel hätte er aber weiter bei den Römern aufräumen und sie verjagen können aus unserem heiligen Land. Hat er aber nicht. Wie die uns behandeln, seit Jahren unser Land besetzen, uns unsere Rechte nehmen, uns wie Menschen zweiter Klasse behandeln.

Wann wusste ich, dass ich es tun würde? Dass ich ihn zwingen würde, zu handeln? Schleichend wird der Gedanke zur fixen Idee, die mich mehr und mehr beseelt. Zweifel schiebe ich weg. Niemals könnte ich das tun. Viel zu sehr mit ihm verbunden bin ich, mit seinen Worten, seinem Geist. Bin ich nicht ein Teil von ihm? Würde ich mich nicht selbst opfern, wenn ich es tun würde – ihn preisgeben? Ihn, der sich als rettenden Heiland der ganzen Welt ausgibt, als Sohn Gottes? Vielleicht ist er der Messias, auf den wir alle so lange warten?

Jeshua könnte für uns alle zum Befreier werden auf der großen Bühne der Macht! Aber nein – nichts. Er agiert immer schön im Kleinen, im Verborgenen. „Zeig dich dem Priester", sagt er zum geheilten Aussätzigen, „aber behalt's für dich."

Irgendwann konnte ich nicht mehr alles glauben, nicht mehr zweifelsfrei. Es erschien mir zunehmend wie eine Farce. Ein Traum, aus dem es eines Tages nur ein böses Erwachen geben konnte. Manches war einfach zu schön, um wirklich wahr zu sein. Wir konnten den Menschen die Augen öffnen, ihnen Hoffnung geben, sie sogar heilen. Wir waren anerkannt und geachtet, manchmal misstrauisch beäugt, besonders von Frommen und Gesetzestreuen.

Aber Jeshua bot ihnen allen die Stirn, tat die ungewöhnlichsten Dinge. Als er uns einen stolpernden Esel aus einer Grube ziehen ließ – am Sabbat, wohlgemerkt –, gab er die simple wie logische Erklärung, dass der Sabbat schließlich für den Menschen da sei und nicht der Mensch für den Sabbat. Er hinterfragte alles. Ich kam kaum hinterher, die Brüder auch nicht. Wie oft diskutierten wir, hatte er wieder einmal etwas Ungewöhnliches vollbracht. Wie er im Sturm die Ruhe selbst war. Lag da und schlief. Ich hätte bald die Krise gekriegt. Hinterher waren wir ja meist völlig begeistert. Als er die fremde Frau am Brunnen um einen Schluck Wasser bat. Und ihr dann ihre diversen Männerkontakte auf den Kopf zusagte.

Als er die Kinder herzte, die uns vorher genervt hatten mit ihrem Bewegungsdrang, und ihnen eine Bedeutung zukommen ließ, die ich mir als Kind auch gewünscht hätte: dass ich vor den Augen und Ohren der Großen einmal so wertgeschätzt würde! „Lasst sie doch zu mir kommen, lasst die Kinder, wie sie sind. Für sie ist das Himmelreich, ihnen gehört es jetzt schon." Er hatte gut reden. Wie sooft.

In letzter Zeit sieht mich Jeshua immer so eigenartig an, freundlich, aber auch traurig und angstvoll. Ich will ihm etwas entgegensetzen, aber was? Mild lächelt er mich an. Ich bin ratlos. Nicht nur die Sache mit der Kasse, die mir übertragen wurde. Und als etwas fehlte, wurde ich von den Mitbrüdern verdächtigt, mich des gemeinschaftlichen Geldes bemächtigt zu haben – da war ich tief verletzt.

Und dann das letzte Mahl, das wir zusammen feierten. Sein abgründiger Blick schaute in die Runde.

„Einer von euch wird mich verraten!" Seine Worte trafen mich wie ein Blitz. Er meinte mich. Er kannte meine Gedanken.

Er erahnt Dinge im Voraus, kann Zuhörer mit seinen Augen leiten, sie sogar vom Baum holen wie diesen kleinen Zöllnerganoven, der uns großzügig zum Essen einlud. Von der weinberankten Dachterrasse genossen wir einen herrlichen Ausblick auf die Altstadt – das hatte schon was. Wir aßen und schauten abends in den Sternenhimmel, diese Seidenteppiche in den Schlafgemächern! So würde ich auch gern wohnen eines Tages. Matthäus versprach, zu Unrecht eingenommene Gelder vierfach zurückgeben zu wollen! Wie will er das denn machen, haben wir uns damals gefragt. Vierfach.

Aber ich sehe noch heute Matthäus' Freude über diesen Zuspruch. Konnte das vorgespielt sein? Ergriff mich diese Freude nicht auch? Wo ist sie nun, diese Freude? Habe ich auch nur mitgespielt im großen Menschenfischerspiel?

„Der mit mir das Brot in die Schüssel taucht, wird mich verraten." Ich saß neben ihm. Bei dieser Abendmahlzeit neulich. Alle fragten ihn entsetzt: „Herr, bin ich es?" Ich wusste, dass ich gemeint war, und fragte dennoch: „Herr, bin ich's?" Und Jeshua sagte: „Du wirst mich verraten."

Lieber Himmel, jetzt war es raus. Ich war enttarnt, aber niemand sagte etwas. Kein Vorwurf, nichts. Ich hatte Angst vor diesem Moment, dachte, dass ich sofort aus dieser Gemeinschaft ausgeschlossen würde, achtkantig hinausgeworfen, als Verräter gebrandmarkt, aber nichts. Keiner schaute mich an. Mir kamen Zweifel, ob richtig wäre, was ich da tun wollte. Ich, Judas, war an seiner Seite. Ich war ihm so nah. Seitdem ist die Stimmung völlig unten.

Seither hat mich dieses Entsetzen im Griff, dieses Entsetzen über mich. Fast unerträglich spüre ich weiterhin seine Annahme, er steht wahrhaftig noch zu mir. Kann mein Vorhaben falsch sein?

Kann ich noch umkehren? Ich spüre, ich sollte, tue es aber nicht. Was hält mich?

„Es muss so kommen, aber weh dem, er wäre besser nie geboren worden." Ich weiß nicht, ob Jeshua unverschämt ist, mich provoziert oder ganz sachlich feststellt. Es klingt so unumstößlich, dass auch ich nichts mehr verändern kann. Dass ich tun muss, was zu tun ist, weil er es bestätigt. Aber warum ich? Warum wurde ich dafür ausgewählt; warum gebe ich mich dafür her? Verrät er nicht mich in diesem Moment? Bin ich denn verstoßen? Ehe ich irgendetwas getan habe?

Wer sagt uns, dass sie uns nicht auch drankriegen? Mitgefangen, mitgehangen, das kennt man doch. Lange redete Jeshua nur von seinem Tod, aber dann sagte er uns überdeutlich: „Sie werden euch an die Gerichte ausliefern, euch misshandeln und töten. Die ganze Welt wird euch hassen, weil ihr euch zu mir bekennt." Und dass viele vom Glauben abfallen und sich gegenseitig verraten und einander hassen würden, sagte er auch. Hören wollte das keiner von uns.

Warum bietet er den obersten Machthabern nicht endlich die Stirn? Das würde die Welt doch auf einmal und für immer zum Guten verändern.

Er hat doch diese Kraft und Fähigkeit. Seine wundersame Heilkraft, die ich mir nie erklären konnte. Da lebt das sterbenskranke Töchterchen des Jairus fröhlich weiter, der Gelähmte kann wieder gehen, ein Blinder wieder sehen.

Ich war dabei, aber war das alles echt? Aber wieso verlässt ihn nun selbst der Mut, wieso verlässt er uns, warum muss er so übertreiben? Wir könnten uns doch einfach mal eine Weile bedeckt halten als Jüngerschar und untertauchen. Und im Untergrund einen Plan des Widerstands aushecken und diese Gedanken unter unser jüdisches Volk bringen. Den Römern endlich Paroli bieten. Ich versuchte, das in der Runde der anderen Jünger vorzuschlagen, und fand bei ihnen kein offenes Ohr, bei Jeshua schon gar nicht. Ihm folgen die anderen mittlerweile blindlings, bis auf Thomas, der immer mal seine Zweifel äußert.

Es hätte doch nicht ewig so weitergehen können. Das einfache Leben von der Hand in den Mund, voller Überraschungen, immer wieder das Hinterfragen der eigenen festgefügten Meinungen. Ich steige aus und mach' da nicht mehr mit. Ich will die Geschicke meines Lebens selbst in die Hand nehmen, etwas aus eigener Kraft, mit eigenen Mitteln bewegen. Es ist mir alles zu hoch, zu unglaubwürdig und auch noch oft im Gegensatz zu jüdischen Vorschriften.

Sie kriegen ihn sowieso, er sagt's ja selbst. Und wird sich selbst herausretten. Wenn er will, schafft er das. Ich kann mir nicht seine Gedanken machen. Zu lange habe ich mir seine zu eigen gemacht.

Alles kam von ihm. Jeder nehme doch sein Kreuz auf sich, hieß es. Jeder solle seinen eigenen Weg finden. Das tue ich jetzt. Das kann mir doch niemand verübeln. Wenn ich's nicht tue, tut's ein anderer. Also ich. Jetzt habe ich die Gelegenheit, ihn zu überantworten. Vielleicht bin ich Teil eines Plans, der ausgeführt werden muss.

Ich bin erschrocken, wie einfach es ist. Hingehen und verhandeln. Abgemacht und beschlossene Sache. Die Summe eher lächerlich. Einen alten Sklaven bekäme man für das Geld oder einen betagten Esel. Das war es ihnen wert. Das war er ihnen wert. Es ist so einfach, ihn auszuliefern, so brutal einfach. Ich fühle, wie sich mir der Hals zuschnürt. Gleichzeitig empfinde ich eine unerhörte Leichtigkeit, aus der fast schon blinden Gefolgschaft auszusteigen. Und mit ein wenig Geld mein Leben neu zu beginnen. Und ist er überhaupt der Messias, für den er sich ausgibt, oder haben die Hohepriester nicht doch recht, wenn sie sagen, er ist ein Scharlatan?

Und dann noch die Geschichte mit dem Nardenöl, das Maria über seine Füße goss. Eine angebliche Liebestat – die pure Verschwendung war's. Das habe ich ihm auch gesagt. Etwa dreihundert Silbergroschen hätte der Verkauf des Duftöls für die Armen bringen können. Aber er unterstellte mir, die Frau in Verlegenheit zu bringen. Sie habe dieses Salböl angeblich auf seinen Körper gegossen, um ihn damit für das Begräbnis vorzubereiten. Jeshua meinte noch, zukünftig würde überall in der Welt bei der Verbreitung der Guten Nachricht ihr Handeln lebendig bleiben.

Da hört's doch wohl auf. Mit einer Liebe, die sich in den Mittelpunkt rückt, allen hier die Schau stiehlt, ja fast anmachend wirkt. Der eine betrügt, und ihm wird vergeben, die andere verschwendet und nennt es auch noch hingebende Liebe. Ohne mich.

Da kommen sie endlich, die Wachleute der Hohenpriester. Ich gehe auf Jeshua zu, nenne ihn Rabbi und küsse ihn. So war es abgemacht. Ein Kuss – eigentlich wie immer. Nein, so wie nie zuvor und nie mehr danach! Ich schaue ihm nicht in die Augen, seinem Blick – kein strafender – halte ich nicht stand. „Komm zur Sache", sagt er noch. Der hat vielleicht Nerven!

Warum ergreifen ihn die Soldaten ruppig wie einen Verbrecher? Jeshua selbst wundert sich. Es fühlt sich merkwürdig an, was hier geschieht. Einer der Brüder greift zum Schwert, verletzt einen Soldaten am Ohr. Auch jetzt noch bleibt er der Ruhige, Geduldige und sagt: „Stecke dein Schwert an seinen Ort! Denn

wer das Schwert nimmt, der soll durchs Schwert umkommen."
Unfassbar, Jeshua heilt ihm noch sein Ohr. Sie führen Jeshua ab.

Die Brüder schauen mich entsetzt an, bevor sie im Dunkel der Nacht verschwinden. Ich bin keiner mehr von ihnen. Habe auch ich ein Schwert in meiner Hand? Ich laufe ihnen noch ein Stück hinterher, stolpere und sinke auf den Boden, der Beutel mit den 30 Silberlingen drückt sich in meine Seite. Was hab ich getan? Ich habe mich hinreißen lassen, habe ihn aufs Kreuz gelegt, ihn verraten. In mir bricht alles zusammen. Ich könnte denen das Geld glatt wieder vor die Füße schmeißen, ja ich werde es tun. Ob ich mir das je verzeihe? Vor meine Mitbrüder brauche ich nie wieder zu treten, ich, der gefallene Jünger. Ob Jeshua mir verzeiht? Ich kenne ihn ja, ihm ist es zuzutrauen. Aber er ist weg. Wie soll ich weiterleben? Und warum überhaupt noch? Mein Leben ist dahin. Ich bin allein.

Mein Gott, warum hab' ich dich verlassen?

Christian Rendel
begraben

Noch heute, nach all den Jahren, habe ich den Geruch in der Nase. Ein Gemisch aus Blut, Schweiß und Exkrementen, aufgelöst in der stehenden Luft zwischen den schimmelfeuchten, grobgemauerten Wänden der Verliese unter dem Prätorium. Nach der Konfrontation im Hohen Rat hatten zwei Soldaten mich abgeführt und in diesen Kerker gebracht. An der hinteren Wand des winzigen Raums lag etwas altes Stroh auf dem gepflasterten Boden ausgebreitet. Darauf hatte ich mich niedergelassen, das Gesicht dem vergitterten Eingang zugewandt.

Mein Blick hatte sich in den langsam schwindenden Lichtschein der Fackel gekrallt, als könnte ich ihn damit festhalten. Dann hatten die beiden Soldaten die nächste Biegung genommen, und alles war dunkel geworden.

Wie lange ich nun schon hier saß, wusste ich nicht. Warteten Judith und die Kinder zu Hause vor dem angerichteten Mahl und dem Krug voller Wein, dass ich zurückkehrte und den Kiddusch sprach, damit der Feiertag beginnen konnte? Wussten sie schon von meiner Verhaftung? Oder war vielleicht das Pessachfest längst vorbei?

Schwärzer als die Finsternis um mich her war die Nacht in meinem Innern. Jeshua war tot. Das Wissen hing an mir wie ein gewaltiger Stein, der mich in die Tiefe eines bodenlosen Meeres hinabzog.

Bilder kreisten vor mir wie ein immerzu sich wandelndes Mosaik. Das Gedränge der Menschen in den Straßen, durch das ich mich verzweifelt zu drängen versuche. Die wütende Menge am Palast, die geifernd Jeshuas Tod fordert. Sein Gesicht voller Schmerz und Trauer, aber ohne Angst und ohne Aufbegehren. Bis dahin hatte ich es noch für unmöglich gehalten, dass wirklich geschehen würde, was sich da ankündigte. Doch in diesem Moment krallte sich der Zweifel in mir fest. Es war nicht die Menge. Es waren nicht die Soldaten. Es war nicht der Präfekt, der nur daran interessiert war, die öffentliche Ordnung zu wahren und ansonsten nicht behelligt zu werden. Es war Jeshuas Blick voller Qual und Erschöpfung und unbeirrbarer Wehrlosigkeit.

Alles, woran ich in den letzten beiden Jahren geglaubt hatte, floss aus mir heraus. Zugleich spürte ich Scham über mein Schweigen in dieser Zeit. Ich hatte mich nie öffentlich zu meiner Überzeugung bekannt, dass Jeshua der Messias sei. Auch Judith hatte ich gedrängt, ihre Begeisterung für den Nazarener für sich zu behalten. Man müsse diplomatisch sein, hatte ich ihr und mir selbst immer wieder eingeschärft.

Nun war es zu spät. Wie ein Würgen stieg mir der Gedanke hoch, dass ohne meine diplomatische Feigheit vielleicht alles ganz anders gekommen wäre. Selbst diese Feigheit fiel nun von mir ab, zusammen mit der Hoffnung. Was konnte ich schon anderes tun, als mitzulaufen mit dem grausigen Zug durch die Stadt? Was konnte es jetzt noch schaden? Ein Zurück in die behagliche Rolle eines angesehenen Ratsmitgliedes gab es für mich ohnehin nicht mehr. Wenigstens Zeuge konnte ich sein.

Und so ging ich mit hinaus vor die Stadt und sah mit an, wie sie die Nägel durch seine Hände und Füße in das grobe Holz einschlugen. Ich sah zu, wie sie sein Kreuz mit Seilen aufrichteten. Ich hörte sein gequältes Stöhnen, als der Stamm mit einem

Ruck in das Erdloch sackte. Ich verzweifelte mit ihm, als er seine Gottverlassenheit hinausschrie.

Es konnte Tage dauern. Vermutlich würde ich das ganze Pessachfest über hier draußen stehen. Doch schon nach ein paar Stunden war es vorbei. Ich sah, wie Jeshua den Kopf hob und den Blick hinauf zum Himmel richtete. Seine Lippen bewegten sich. Er ließ den Kopf sinken, und die Luft strömte aus seinen Lungen. Dann regte sich nichts mehr.

Lange Zeit stand ich wie gelähmt da. Ich weiß nicht, wie lange es dauerte. Irgendwann glaubte ich, eine leise Frauenstimme zu hören. War es Judith? „Leg ihn in dein Grab", sagte die Stimme. Ich schaute mich um, doch es war niemand in meiner Nähe.

„Leg ihn in dein Grab", wisperte die Stimme aus dem Nichts noch einmal in mein Ohr. Wurde ich jetzt verrückt? Hatte die Sonne mir das Hirn versengt?

Egal, dachte ich. *Genau das würde Judith sagen, wenn sie hier wäre. Und ich würde ihr recht geben.* So kam es, dass Jeshua in der Grabstätte bestattet wurde, die ich vor einiger Zeit für mich selbst erworben hatte.

Einige Frauen, die mit ihm unterwegs gewesen waren, halfen mir, ihn vom Kreuz herabzunehmen und auf die Bestattung vorzubereiten. Wir wuschen ihn, wickelten ihn in ein neues Leinentuch und brachten ihn mit einem Karren zu der Grabstätte. Ein paar Männer halfen mir, den Stein vor die Öffnung zu wälzen.

Auf halbem Weg zurück zum Stadttor begegnete mir mein Ratsbruder Jochanan, begleitet von einem Trupp römischer Soldaten. Er mied meinen Blick und erklärte mir, er habe den Auftrag, das Grab des Nazareners zu versiegeln und unter Bewachung zu stellen. Im Übrigen würde ich bei den Brüdern im Rat erwartet.

Ich hätte wissen müssen, was nun kommen würde. Vielleicht hätte ich es geschafft, Judith und die Kinder zu holen und mit ihnen aus der Stadt zu verschwinden. Aber in mir war immer noch alles leer.

Also erschien ich gehorsam vor dem Rat und sah mich einem Halbrund steinerner Mienen gegenüber. Kajafas selbst stand auf und beschuldigte mich, ein Verräter und Anhänger des aufrührerischen Nazareners zu sein. Und ich antwortete mit einer flammenden Anklage gegen meine Ratsbrüder, die sich aus lauter Sorge um ihre Stellung am Leben eines Unschuldigen vergangen hatten. Meine Rede schmeckte nach Selbstgerechtigkeit. Aber das bremste mich nicht in meinem Eifer.

Es hätte auch nichts geändert. Die Soldaten für meine Festnahme hatten schon bereitgestanden.

Das Geräusch von Schritten riss mich aus meiner Versunkenheit. Sie kamen näher, und ein flackernder Lichtschimmer fiel auf das Mauerwerk gegenüber meiner Zelle.

Drei Gestalten erschienen vor meiner Tür: die zwei Soldaten, die mich hierhergebracht hatten, und ein dritter Mann in einer schwarzen Robe mit einer Kapuze über dem Haupt.

Einer der Soldaten öffnete die Gittertür. Der Mann in der Robe brachte ein Talglicht zum Vorschein, das er an der Fackel entzündete. Dann trat er ein, während sich die Soldaten ein paar Schritte weit entfernten.

Er ging in die Hocke und stellte das Licht auf dem Boden ab. Dann streifte er sich die Kapuze ab, und ich blickte in das Gesicht des Hohepriesters Kajafas. Ein merkwürdiger Ausdruck lag in seinen Augen, den ich bisher nicht von ihm kannte. Eine Unsicherheit. Eine Unruhe.

Schließlich räusperte er sich und sagte: „Ist dir die Ketzerei inzwischen vergangen? Oder hältst du diesen Nazarener immer noch für den Messias?"

Ich sah ihn an. „Ja. Ja, ich glaube, Jeshua war der Messias."

Der Hohepriester schnalzte verächtlich mit der Zunge. „Ein Messias, der tot ist. Hingerichtet von den Römern. Mach dich nicht lächerlich."

„Er wäre nicht tot, wenn ihr euch nicht vorgenommen hättet, Gottes Pläne zu durchkreuzen."

Kajafas lachte kurz auf, aber es lag keine Heiterkeit darin. „Gottes Pläne durchkreuzen? Wie wollten wir das anstellen, selbst wenn wir es uns tatsächlich vorgenommen hätten? Gott tut, was er will. Wenn er der Messias wäre, lebte er noch."

Ich zuckte die Achseln. Er hatte ja recht. Es war undenkbar, dass der Messias starb, ohne sein Werk vollendet zu haben. Aber die Genugtuung wollte ich Kajafas nicht lassen. „Ihr habt euch zu Feinden Gottes gemacht."

Was war das in seinen Augen? Hatte er Angst? Doch nicht vor mir?

„Ich bin nicht gekommen, um mit dir zu streiten, Bruder Josef", sagte er.

„Wozu dann?"

„Ich will dir einen Ausweg bieten."

Es musste Angst sein. Irgendeine Gefahr war im Verzug. Sonst hätte sich Kajafas nie dazu herabgelassen, sich mit dieser schwarzen Robe unkenntlich zu machen und zu mir in den Kerker zu kommen.

„Ich höre", sagte ich und erschrak beinahe über meinen anmaßenden Ton.

Kajafas nahm keine Notiz davon. „Du kannst noch in dieser Stunde zu deiner Familie zurück. Du musst nur öffentlich erklären, dass Jeshuas Anhänger seinen Leichnam geraubt haben."

Ich hob die Augenbrauen. „Sein Leichnam wurde geraubt?"

„Er ist unauffindbar."

„Aber wie soll das zugegangen sein? Du selbst hast doch veranlasst, dass das Grab bewacht wurde!"

Kajafas richtete sich auf und warf die Arme empor. „Ja, ja, ich weiß! Wahrscheinlich haben sich die Soldaten am Wein berauscht und sind eingeschlafen. Zugeben werden sie das natürlich nicht. Jedenfalls war heute Morgen das Grab offen und der Leichnam verschwunden."

„Was sagen denn die Wachsoldaten dazu?"

„Ach, irgendeine verrückte Geistergeschichte. Abergläubisches Heidenpack."

Ich überlegte einen Moment. „Wer hätte etwas von einer verschwundenen Leiche?"

Der Hohepriester sah mich seltsam an. „Zum Beispiel jemand, der unbedingt den Eindruck erwecken will, dass der Nazarener noch lebt."

„Aber warum?"

Kajafas zögerte. „Hast du nicht die Gerüchte gehört? Auf den Straßen erzählt man sich, dieser Galiläer habe gesagt, er werde nach drei Tagen von den Toten zurückkehren. Bisher hat das niemand ernst genommen, aber stell dir vor, es spricht sich herum, dass der Leichnam nicht mehr da ist. Da geht dem Volk ganz schnell die Fantasie durch."

Ein dunkelroter Funke glühte auf in der Asche meiner Hoffnung. Ein Satz fiel mir wieder ein, den ich vor langer Zeit aus Jeshuas Mund gehört hatte: „Brecht diesen Tempel ab, und in drei Tagen will ich ihn aufrichten." Was hatte er damit gemeint? Und ich musste an den Vorfall vor einigen Tagen in Betanien denken, der sich wie ein Lauffeuer herumgesprochen hatte. Jeshua, so hieß es, habe einen Mann wieder zum Leben erweckt, der schon seit vier Tagen tot und begraben war. Es gab Dutzende Zeugen.

Aber konnte ein Mann sich selbst vom Tod auferwecken? Ging mir auch die Fantasie durch?

Ich schüttelte den Kopf. „Trotzdem: Wer hätte etwas davon? Wäre das alles nicht bald wieder vergessen, wenn der angeblich wieder Lebendige sich nirgends blicken ließe?" Ich stand auf und trat zu ihm an die Gittertür.

„Wer weiß?", gab er zurück. „Seine Anhänger könnten ja einfach behaupten, sie hätten ihn gesehen, um selbst dadurch Macht und Einfluss zu gewinnen."

„Macht und Einfluss!" Ich lachte bitter auf, griff nach den Gitterstäben und rüttelte ein wenig daran. „Ich glaube, wer sich durch einen Betrug Macht und Einfluss verschaffen will, findet bessere Wege."

Kajafas machte eine ungeduldige Handbewegung. „Sag einfach, sie haben die Leiche gestohlen, und du bist ein freier Mann. Wahrscheinlich ist es nicht einmal eine Lüge."

„Wahrscheinlich? Hast du noch eine andere Theorie?"

Er sah mich an. Wieder dieses rastlose Flackern in seinem Blick. Ja, es war Angst.

„Bruder Kajafas, was haben euch die Wachsoldaten berichtet? Was ist wirklich geschehen?"

Er antwortete nicht. Das Zittern seines Bartes verriet mir, dass er seine Lippen fest zusammenpresste.

Und plötzlich wusste ich es. „Du glaubst daran, nicht wahr?", fragte ich ihn leise. „Du glaubst selbst daran, dass Jeshua von den Toten auferstanden ist." Der Funke in der Asche begann heller zu glühen.

Der Hohepriester schwieg.

Ich musste an Judith denken. Wie leicht wäre es jetzt gewesen, einfach zu tun, was Kajafas wollte, und zu ihr zurückzukehren. Doch als ihr Gesicht vor meinem inneren Auge erschien, sah ich das Leuchten in ihren Augen, die geröteten Wangen, das Staunen, das Lachen – so hatte sie ausgesehen, als sie mir damals voller Begeisterung von ihrer ersten Begegnung mit Jeshua erzählt hatte.

Ich sah Kajafas an. „Ich danke dir. Danke, dass du mir diese Nachricht überbracht hast." Dann machte ich kehrt und ließ mich wieder auf das Stroh sinken.

Nach einem Moment schlug Kajafas mit seinem Stab gegen das Eisengitter, um sich von den Soldaten aus meiner Zelle befreien zu lassen. Das Talglicht ließ er zurück.

Christina Brudereck

gesalbt

Meine Mutter hat mir den Namen Maria gegeben.
Wie Töchter eben genannt wurden in dieser Zeit.
Sie schien nichts Besonderes in mir zu sehen.
Es gab viele von uns.
Das Blöde ist, dass ich mich damit so gewöhnlich fühlte.
Das Schöne an so einem Namen ist,
dass er immer schnell ein Gefühl der Verbundenheit auslöst.
„Ach, du auch!" Und: „Dich rufen sie auch so."
Es gab ein Wir-Gefühl der Solidarität.
Wir, die Marias.
Wir, die Normalen. Unauffällig, mittelmäßig, alltäglich.
Schnell zu übersehen.

Immer wieder mal ergaben sich Gespräche
über die Bedeutung unseres Namens.
„Die aus dem Meer kommt", meinten einige.
Der Name, der von Miriam herkommt.
Und das erinnerte ja an die große Befreiungsgeschichte
unseres Volkes.
An unsere Heldin Miriam. Die Forsche. Widerständige.
Die uns Frauen seit jeher zum Tanzen und Singen aufforderte.
„Weise und nachdenklich", legten andere ihren Namen aus.
Die, die gut Hebräisch lesen konnten.
Aber so gelehrt fühlte ich mich nie.

Klar war für uns, die wir Aramäisch als Muttersprache hatten,
dass bei Maria immer „mara" mitklang, bitter.
Bitter wie Wasser mit Salz, bitter wie Tränen.
Ich akzeptierte dieses Urteil stillschweigend.
Ich weiß aber noch genau, ich wurde rot vor Freude,
als eine Ausländerin, eine Ägypterin, einmal sagte:
„Aber ich höre ‚mry': geliebt."
Ja, da war mir plötzlich ganz warm.

Als ich dann in seine Runde kam,
entdeckte ich auch hier sofort Namensschwestern.
Zuallererst seine Mutter.
Die Herzdame. Die von uns allen verehrt wurde.
Wir alle spürten ihr ab:
Sie hatte keine Zweifel mehr. Wahrhaftig eine Heilige.
Sie wusste sich Gott vollkommen nah.
Ihre Erfahrung war ja so unglaublich –
die hatte sie durch und durch verändert.
Ein Erlebnis, das ihren Körper und ihr Denken,
ihre Gefühle, ihren Schoß,
sie selbst ganz berührt hatte.
So zu heißen wie sie war eine Ehre.

Und dann war da natürlich seine Lieblingsschülerin.
Die Maria aus Magdala.
Die geläuterte Prostituierte. Die Wunderschöne.
Auch sie hatte am eigenen Leib erfahren,
dass seine Nähe heilsam war.
Sie verdankte ihm alles. Und so liebte sie ihn auch.
Ihre Ausstrahlung war außergewöhnlich.
Sie war eine der wichtigsten Sponsorinnen der Bande.

So zu heißen wie sie war eine Herausforderung.
Es war manchmal schwer, nicht neidisch zu sein.
Sie nicht als Konkurrentin zu sehen.
Mich nannten sie schnell „Die andere Maria".
Es war ein komisches Gefühl.
Ich war eine von ihnen, aber eben anders.
Ich gehörte dazu, war aber nie die Erstgenannte, Erstgemeinte.
Ich kam an zweiter, dritter Stelle.
Ich hatte meinen Platz, aber eben einen anderen Platz.

Zu seinem Umfeld gehörten ja alle möglichen Leute.
In seiner Nähe fühlten wir uns bedeutend.
Er erzählte vom Reich Gottes.
Und er war überzeugt, sein Ort sei in unserer Mitte.
Und wir alle Teil davon. Wir alle königlich.
Er erinnerte uns an unsere Würde,
an unseren Ursprung, an Gott.
Und daran, dass diese Verbindung ewig hält.
Er holte uns alle in den Umkreis der Liebe.
Er war ein Meister der Solidarität.
Er war so unglaublich charmant.

Und dann kam die Katastrophe.
Es ging so schnell, dass ich kaum verstand, was genau passierte.
Eine Intrige. Eine Falle. Ein Plan.
Erst waren es nur Gerüchte.
Dann spürten wir, wie es enger wurde.
Er liebte trotzdem weiter. Demonstrierte seine Liebe.
Er wurde wegen Gotteslästerung verhaftet,
angeklagt und verurteilt.
Sie machten kurzen Prozess mit ihm.

Verteidigt hat er sich kaum. Widersprochen gar nicht.
Wir gerieten in Panik.
Seine Brüder rannten weg, versteckten sich.

Wir Frauen guckten uns an:
Was hatten wir jetzt schon noch zu verlieren?
Wir blieben in der Nähe und mussten mit ansehen,
wie sie ihn folterten.
Maria, seine Mutter! Ihr Herz brach.
Maria, seine Liebste! Wir fürchteten, sie würde irre werden.
Ich, die andere Maria – ich war fassungslos.
Für Stunden hing er am toten Holz.
Die übliche Methode, Verbrecher hinzurichten.
So banal wie mein Name.
Nur eine kleine Notiz in den Büchern der Mächtigen.
Für mich aber das Schlimmste, was ich je erleben musste.

Er schrie noch: Warum? Mein Gott! Hast du mich verlassen?
Und dann starb er.
Es kam ein tiefes Schweigen über uns,
die wir dabei waren.
Wir waren entsetzt.
Hilflos. Wussten nicht, wohin mit uns und wie weiterleben.
Tieftraurig.

Und wisst Ihr, was uns dann rettete?
Die Alltäglichkeit!
Wir taten, was wir gelernt hatten für solche Situationen.
Duftöle und Harze mischen.
Wie unsere Mütter es uns gezeigt hatten.
Noch etwas Myrrhe hinzutun, Vanillin, Zimtsäurestern.

Wir arbeiteten selbstverständlich nebeneinander.
Hand in Hand.
Trauern. Schweigen. Beten. Die alten Worte zitieren.
„Der Ewige tröste euch inmitten der anderen Trauernden Zions."
Den Leichnam waschen. In die weißen Tücher hüllen.
Es war wohltuend. Weil es etwas zu tun gab.
Weil wir wenigstens dies hier für ihn tun konnten.
Wir erinnerten uns gegenseitig daran, etwas Wasser zu trinken.
Nahmen uns in die Arme.
Mutter Maria schüttelte nur den Kopf.
Wieder und wieder streichelte sie über ihren Bauch.
Als würde sie ihn, ihr erstes Baby, noch in sich tragen und hüten.
Maria von Magdala wirkte düster, umnebelt, enttäuscht.

Dann, nach dem Sabbat aber,
in der Dämmerung auf den ersten Tag der Woche,
gingen wir zum Grab.
Und Maria entdeckte, dass der Stein weg war.
Sein Liebling war die Erste, die es sah.
Sie stieß einen spitzen Schrei aus.
Ich dachte nur: Das darf nicht sein! Dass sie ihn gestohlen haben.
Dass sie uns auch noch seine tote Hülle genommen haben.

Und wieder:
Es ging so schnell, dass ich kaum verstand, was genau passierte.
Ich weinte. Sah nicht mehr, wohin ich lief. Raufte mir die Haare.
Was war jetzt zu tun? An wen konnten wir uns wenden?
Wenn die Rituale, die normalen Abläufe so gestört werden,
was denn dann?
Wie sollten wir das seiner Mutter beibringen?
Was würden seine Brüder sagen?

Würden sie wütend werden, aggressiv, überreagieren?
Oder würden sie es einfach geschehen lassen?

Und dann kam die nächste Neuigkeit.
Maria, Lieblingsmaria, begegnete ihm.
Wahrhaftig. Lebendig.
Sie kam angerannt, völlig außer Atem, und erzählte.
Dass sie ihn gesehen hatte und mit ihm gesprochen.
Ich habe es ihr sofort geglaubt.
Weil sie wieder strahlte.
Das dunkle Trauerband um ihr Gesicht war wie weggezaubert.
Er lebte!

Und dann, am Abend dieses ersten Tages nach dem Sabbat,
als wir, seine Vertrauten,
hinter geschlossenen Türen saßen aus Angst,
da kam er und sagte: Friede sei mit euch!
Er war es wirklich. Lebendig.
Mit seinen verletzten Händen und der Wunde an seiner Seite.
Aber lebendig.
Mutter Maria fing an zu singen:
„Ehre sei Gott in der Höhe und Friede auf Erden."
Wir stimmten mit ein. Wir lachten.
Wir lachten mit ihm.
Mit der Liebe an unserer Seite lachten wir den Tod aus.

Diesmal wollte ich begreifen, was passiert war.
Wir dachten nach, wir überlegten hinter ihm her,
was geschehen war.
Und fanden zu einer Überzeugung:
Gott hatte ihn wieder ins Leben gerufen.

Auferweckt aus den Toten.
Gott hatte seine Schöpfungsmacht gezeigt.
Seine unendliche, grenzenlose Liebe.
Jeshua ruhte im Schoß der Erde,
bis Gott sein Gut zurückforderte.
Die Geschichte war eine andere geworden!

Und so war ich, die andere Maria,
noch einmal eine andere geworden.
Er hatte uns sein Leben lang geliebt und geachtet.
Jetzt hatte diese Liebe ein ewiges Siegel bekommen.

Er war der Andere.
Er bewirkte die gründlichste Unterbrechung.
Der Gescheiterte war der Geliebte.
Der Verfluchte der Segen für alle.
Schon vor seinem Tod war er ja faszinierend.
Aber der Auferweckte war außerhalb aller Kategorien.
Mitreißend. Größer. Weiter. Stärker.
Er wurde für mich zum Überwinder aller Vorstellungen.
Aller Grenzen. Aller Klischees, Konzepte und Festlegungen.
Er widersprach meiner Erfahrung.
Dem Sowieso. Wie es ohnehin kommen muss.
Wie es normal war.
Wie ich war, zu sein hatte, bleiben musste.

Er war der Andere.
Sein Leben lang hatte er ein Herz für Ausnahmen.
Alternativen. Nischen für Außenseiterinnen.
Vergebung für Feiglinge. Güte für alle.
Er hatte auch damals immer noch Hoffnung gefunden.

Jetzt hatte er eine ewige Lücke geschaffen, mit Platz für alle.
Für mich und alle anderen Anderen.
Jetzt war alles möglich.

Ich bin jetzt gerne die andere Maria.
Ich liebe meinen Namen.
Ich bin „Die aus dem Meer kommt".
Ich bin wie unsere Heldin Miriam widerständig.
Ich bin nachdenklich.
Bitter ist süß geworden.
Ich bin geliebt. Mir wird warm, wenn ich an ihn denke.

Mutter Maria drückte mir einen Kuss auf die Stirn.
Lieblingsmaria sah mich nur schweigend an.
Wir schmunzelten beide und wussten, dass alles gut war.
Alle sind anders. Alle gehören dazu.
Alle dürfen leben.
Für immer.

Nach dem Sabbat aber, in der Dämmerung auf den ersten Tag der
Woche, kamen Maria von Magdala und die andere Maria, um nach
dem Grab zu sehen (Matthäus 28,1).

Iris Völlnagel

verändert

Liebe Elisabeth, meine geliebte Tante,

ich muss dir dringend schreiben. Am liebsten würde ich dich ja jetzt besuchen kommen, aber im Moment ist es leider nicht möglich. Ich bin gerade in Jeruschalajim, ganz unverhofft, und kann hier gerade auch nicht weg. Ach, wie gerne wäre ich jetzt bei dir. So wie damals, als wir beide schwanger waren. Erinnerst du dich? Das hatte mir so geholfen. Du warst einfach da für mich.

Keine Sorge, es geht mir gut. Alles ist nur so unglaublich: Ich habe Jeshua wieder getroffen. Doch zuerst alles einmal der Reihe nach.

Ja, du erinnerst dich richtig, eigentlich hatte ich schon lange geplant, das Pessachfest wieder in Kafernaum mit Saphira, meiner Jüngsten, und ihrer Familie zu verbringen. Bei ihr ist es immer schön, sie kann meine Unterstützung brauchen, und die Enkel freuen sich, wenn ich da bin. Doch irgendwann kam so ein Gedanke, ob ich dieses Jahr nicht zum Pessachfest nach Jeruschalajim gehe.

Du weißt, ich mag reisen nicht, und der Weg nach Jeruschalajim ist weit und mühsam. Doch dann ereilte mich noch eine Nachricht von meiner Schwester, ob ich käme. Wir hätten uns so lange nicht gesehen, und möglicherweise könnte ich auch Jeshua sehen ... Jeshua wiedersehen, ach, wie sehr wünschte ich es mir, und zugleich ...

Du weißt um Jeshua und unser Verhältnis. Mir war ja schon immer klar, er ist ein besonderer Junge. Aber das letzte Mal, als ich versuchte, ihm nahe zu sein, da hat er mich nur weggeschickt.

„Wer den Willen Gottes tut, der ist mein Bruder und meine Schwester und meine Mutter."

Nein, das war zu viel. Da konnte ich ihm nicht mehr folgen. Und ich wollte ihm auch nicht mehr folgen. Schließlich bin ich seine Mutter, und ich habe noch andere Kinder. Saphira hat recht, dachte ich, wenn sie immer und immer wieder bemängelt, dass ich zu viel an Jeshua denken würde ...

Also machte ich mich auf den Weg. Ein bisschen erinnerte es mich an damals, als ich mit Joseph nach Bethlehem ging. Ich war damals mit Jeshua hochschwanger. Was würde mich dieses Mal in Jeruschalajim erwarten? Wie würde er mich empfangen? Würde er mich wiedererkennen, sich vielleicht entschuldigen – oder mich erneut ablehnen? Das war ganz schön hart von ihm gewesen. Es war mir sehr ängstlich zumute, aber irgendwas in mir sagte: „Maria, geh. Du wirst es nicht bereuen."

Als ich in Jeruschalajim ankam, war die Stadt voll, wie immer, laut und lärmend. Du weißt, ich mag das nicht. Dennoch ... irgendwas schien anders. Es lag so eine komische Stimmung in der Luft.

Meine Schwester nahm mich sofort zur Seite. „Du", sagte sie, „dein Jeshua, ich mache mir Sorgen um ihn. Die ganze Stadt spricht über ihn."

Ich wusste nicht, wie mir geschah. Ich kenne doch meine Schwester. Normalerweise ist sie ruhig und besonnen, eine, die sich nicht so schnell aus der Ruhe bringen lässt. Aber dieses Mal war sie total aufgelöst.

Ich war kaum angekommen, da drängte sie mich, wir müssten unbedingt in die Stadt, sie habe gehört, Jeshua sei gefangen genommen worden und solle von Pilatus verhört werden. Das klang nicht gut. War es mein mütterlicher Instinkt, der mich drängte, nach Jeruschalajim zu gehen? Wir wollten doch das Pessahfest feiern – und jetzt dieses.

Je näher wir kamen, desto voller wurde es. Ich wäre ja am liebsten wieder umgekehrt. Du weißt, wie sehr ich Menschenmengen hasse.

Aber Maria sagte: „Du musst da hin, immerhin geht es um deinen Sohn!"

Mein Sohn. Was ist das für ein Sohn, der meint, seine Jünger seien wichtiger als seine Familie!

„Du hättest keine Macht über mich, wenn sie dir nicht von oben gegeben wäre; darum hat der, welcher mich dir überantwortet hat, größere Sünde."

Hey, die Stimme kannte ich doch, ja, das war Jeshua. Ich konnte es kaum fassen. Da stand er, kaum bekleidet, ziemlich abgemagert, in Ketten, gefangen, vor Pilatus, dem römischen Statthalter – und verteidigte sich. Nein, er verteidigte sich nicht, er sagte einfach nur, was er sagen musste.

„Du hättest keine Macht über mich ..." Typisch mein Sohn. Ich war also nicht die Einzige, der gegenüber er so auftrat. Machte einfach sein Ding. Irgendwie war ich in dem Moment auch ein bisschen stolz auf ihn.

Aber warum ließ er sich das gefallen, warum gab er so eine Vorlage, dass er anecken musste? Dass er sich bei mir so verhielt, verstand ich ja noch, aber hier ...

Langsam begriff ich. Das war nicht mehr Spaß, hier ging es zur Sache.

„Weg, weg, kreuzige ihn! Weg, weg, kreuzige ihn! Weg, weg, kreuzige ihn!"

Was waren das plötzlich für Rufe? „Was ist da los?"
Ratlos ergriff ich die Hand meiner Schwester. Was sollten
wir jetzt tun? Ich bekam Angst. Wir waren umgeben von einer
grölenden Menschenmenge. „Wenn die mitbekommen, dass das
mein Sohn ist!" Was sollten wir tun?

Liebe Elisabeth, was dann passierte, selbst wenn ich wollte, ich
kann es dir nicht richtig sagen. Meine Schwester zog mich irgendwie mit. Unterwegs trafen wir noch eine Freundin von ihr,
Maria Magdalena. Irgendwo hatte ich sie schon mal gesehen.

An was ich mich dann wieder erinnere, ist, dass wir vor drei
Kreuzen standen. In der Mitte hing Jeshua, an seiner Seite zwei
Schwerverbrecher. Ich wollte nach Hause. Mir war schlecht.

So will keine Mutter ihren Sohn leiden sehen. Das war alles zu
viel für mich. Wozu war ich nur nach Jeruschalajim gekommen?
Um mir das anzusehen?

Die beiden anderen Marias nahmen mich in ihre Mitte, ließen mich nicht gehen.

„Er ist dein Sohn. Sei tapfer. Das ist das Letzte, was du für ihn
tun kannst", flüsterten sie mir immer wieder zu.

Ich fand alles nur grausam. Es dauerte Stunden, Jeshua muss
fürchterlich gelitten haben. Die Römer hatten ihn an Händen
und Füßen genagelt. Ich konnte nicht mehr.

Die anderen beiden hielten mich fest, flüsterten mir zu: „Er ist
dein Sohn. Das ist das Letzte, was du für ihn tun kannst."

Plötzlich, ich weiß gar nicht mehr, wie es kam, schaute ich
zum Kreuz. Jeshua hing da, war nur noch ein Schatten seiner
selbst. Dann trafen sich unsere Blicke. Seit Monaten zum ersten
Mal. „Mutter, das ist dein Sohn!", sagte er.

Zuerst begriff ich gar nicht, was er meinte. Erst als sich neben
mich ein Mann stellte, konnte ich folgen.

„Siehe, das ist deine Mutter!"

Ich wusste wirklich nicht, wie mir geschah. Sollte sich Jeshua etwa in dem Moment daran erinnern, wie er mich damals wegschickte, wie sehr mich das verletzt hatte, als er sagte: „Wer mir nachfolgt, der ist meine Mutter!"

Der Jünger jedenfalls nahm mich in den Arm – und ist seitdem nicht mehr von meiner Seite gewichen.

Ich kann mich nicht mehr daran erinnern, wie ich an dem Abend nach Hause kam. Ich fühlte mich einfach nur elend.

„Er ist dein Sohn, das ist das Letzte, was du für ihn tun kannst", hörte ich die andere Maria immer wieder sagen. Aber wozu? War ich dafür den ganzen langen Weg nach Jeruschalajim gereist? Um meinen Sohn am Kreuz elend sterben zu sehen? Und dieser Mob von Leuten? Vielleicht hätte ich doch besser auf Saphira gehört, die immer sagte: „Vergiss Jeshua, dieser Revoluzzer, der macht nur sein Ding! Der kümmert sich auch nicht um dich. Kümmere dich doch lieber um deine Enkel!"

Ich kann mich nur daran erinnern, dass ich mich hinlegte und schlief und schlief und schlief. Zwischendrin wachte ich auf, schweißgebadet, ich hatte wohl Albträume. Meine Schwester wollte, dass ich aufstand und wenigstens etwas esse oder trinke. Ich konnte nicht. Mir war alles zu viel. Ich bekam das Hämmern, den Klang der Nägel, die Schreie von Jeshua nicht aus meinen Ohren. Und dann nochmals dieser Blick: „Mutter, das ist nun dein Sohn." Irgendwie schien ich ihm doch nicht egal zu sein ...

Am übernächsten Tag klopfte es bei Maria an der Tür. Ich war noch zu benommen, wollte niemanden treffen. Doch es war Jakobus, der Jünger. Er drängte uns mitzukommen. Gerade jetzt sollten wir nicht allein sein, meinte er. Ich solle die anderen treffen.

Eigentlich hatte ich keine Lust. Was sollte ich da? Meinen Schmerz würde eh keiner verstehen.

Kaum waren wir dort angekommen, klopfte es an der Tür. Nein, es klopfte nicht, jemand hämmerte. Es war die andere Maria, weißt du, die aus Magdala.

„Ich muss euch was erzählen, ich habe Jeshua gesehen."

Zuerst habe ich gedacht, die spinnt, jetzt ist sie total durchgeknallt. Aber du ahnst nicht, was dann passierte: Plötzlich stand Jeshua da, mitten im Raum. Er zeigte uns seine Hände mit den Nägellöchern.

„Friede sei mit euch", sagte er. „Ja, ich bin es. So, wie mich der Vater gesandt hat, so sende ich euch!"

War das wirklich Jeshua? Für einen Moment konnte ich es kaum glauben.

Aber weißt du was? Dann musste ich an den Engel denken, der damals zu mir kam.

„Fürchte dich nicht", das hatte der damals auch zu mir gesagt. „Du hast Gnade bei Gott gefunden."

Erinnerst du dich, wie ich dann zu dir gekommen bin? Damals sagtest du etwas, was ich bis heute nicht vergessen habe: „Maria, wenn ich dir einen Rat geben darf, dann bewahre und behalte alles in deinem Herzen."

Damals habe ich nicht verstanden, was du meintest. Immer und immer wieder habe ich darüber nachgedacht. Verstanden habe ich es nicht. Elisabeth, langsam kommt es mir: Könnte Jeshua, mein Sohn, tatsächlich der Messias sein, auf den wir schon so lange warten?

Ja, schade, dass du das nicht miterleben kannst. Das hier übersteigt alles, was ich jemals für möglich gehalten habe. Die Jünger erzählten mir, was sie mit Jeshua erlebten, wie er ihr Leben veränderte. Weißt du, in den letzten Tagen wurde mir einiges klar.

Jeshua hat eine neue Familie, er hat seine Jünger, und nun gehöre ich auch dazu. Dem einen hat er sogar den Auftrag gegeben, sich um mich zu kümmern ...

Aber Elisabeth, soll ich dir was sagen? Er braucht sich nicht um mich zu kümmern. Ich fühle mich nicht allein. Ich weiß, Jeshua, er lebt, er ist in mir, er ist bei mir. Ja, es hört sich vielleicht komisch an, und ich weiß noch gar nicht, wie ich das Saphira beibringen soll. Ich habe jetzt eine weitere Familie. Die Jünger. Ich hätte es nie für möglich gehalten, dass ich mit dieser Schar jemals was gemein haben würde ...

Und noch was: Dein Rat war gut, aber jetzt kann und will ich es nicht mehr nur behalten und bewahren. So eine Geschichte muss in die Welt hinaus. „Fürchte dich nicht! Dir geschehe nach deinem Glauben!" Jeshua, mein Sohn, er lebt, ist auferstanden ...

Es grüßt dich herzlich, deine Maria

Eleonore Dehnerdt

erstaunt

Ist heute erst der siebte Tag, nachdem die Erde unter meinen Füßen zitterte? Ich zähle zur Sicherheit an meinen Fingern die Tage nach. Ja, es stimmt, vor sieben Tagen riss der Vorhang im Tempel und für einige Zeit wurde es dunkel und alle überkam die Furcht, dass doch etwas dran sei am Gerede, wir hätten den Sohn Gottes zu Tode gebracht.

Jetzt sitze ich erschöpft im Schatten. Von hier sehe ich, wer zum Brunnen kommt. Ich warte auf die zwei Freunde von Jeshua und auf die Frau. Ich verstehe noch nicht so ganz, warum sie mit mir nach Rom wollen, aber als sich die feurige Schöne zwischen die beiden drängte und sagte, ich solle auch sie mitnehmen ... Na, da konnte ich gar nicht anders, denn einen solchen Vogel im Gepäck, das ist eine prunkvolle Ankunft zu Hause.

Außerdem braucht mein Bruder, der all die Jahre meine Familie bei sich wohnen ließ, eine Frau. Nicht nur irgendeine. Nein, eine Frau wie diese! Die geht, ohne mit der Wimper zu zucken, durch die Hölle und macht daraus einen Himmel. Die ist nicht nur eine von den vielen Marias, die es hier gibt. Hier heißen alle Maria. Maria von hier, Maria von dort und von dem. Aber nur eine davon ist wie sie. So ein Feuervogel eben, die, wenn sie liebt, alles gibt. Sie soll sogar mit ihren flammenden Haaren um die Beine Jeshuas gestrichen sein. Alle wollten sie verjagen, aber er hatte Feuer gefangen. Danach blieb sie treu an seiner Seite, sagten alle, die ich fragte.

87

Da sitz ich im Schatten und warte und bewege Gedanken, die mir nie zuvor in den Sinn gekommen wären. Aber es ist ganz egal, was ich denke. Vielleicht ist sogar egal, was ich tue. Es ist doch nichts mehr, wie es war, und ich weiß überhaupt nicht, was kommt. Im Grunde kann ich nicht einmal mehr einschätzen, wer mein Freund oder Feind ist. Ich weiß nicht, was zählt.

Ein eingestürzter Turm bin ich, meine Seele ist zersprungen, und einzig mein Herz schlägt wie eine Trommel, die zum Kampf getragen wird. Doch ich darf nicht daran denken, sonst strömen mir wieder Tränen die Wangen hinunter und erschüttern mein Gemüt.

Ach, was ist nur mit mir geschehen? Felsenfest konnte ich mich auf meine Kraft und meine scharfen Waffen verlassen ... Bis zu dem Tag, als mein Speer in der Luft zersprang. Und als ich mein Schwert nach dem Engel warf, stand es in der Luft, und er gab es mir einfach wieder zurück. Ja, er hielt mir den Griff entgegen. Wie sehr beschämte es mich! Wie viel lieber wäre ich im Kampf gestorben!

Wie viele Tränen weinte ich in den letzten Tagen in dieses weiße Tuch. Von meinem ganzen Leben, so dünkt mich, ist mir nur das Grabtuch geblieben. Ich will nicht davon lassen, denn es sollte mein Beweis für Pilatus sein, der Beweis meiner Treue.

Pilatus ließ mich vor Wut in den Kerker werfen. Mich, den treuesten Diener, den besten Kämpfer. Mich, den er zuvor als beste Wache lobte. Er ließ mich in den Kerker werfen, weil ich nicht verhindert hatte, dass sie den Leichnam Jeshuas stahlen. Ich hielt im Kerker die ganze Zeit das Tuch an mich gepresst; es würde belegen, dass der Leichnam nicht gestohlen wurde. Ich wartete darauf, dass ich endlich gerufen würde und mich verteidigen konnte. Hatte ich doch das Unfassbare mit eigenen Augen gesehen!

Meine Hand ist noch heute blau, und einige Finger sind gebrochen. Ich wollte sie Pilatus zeigen. Die Lichtwesen mussten aus gehärtetem Eisen sein. Die waren nicht von dieser Welt. Und wen würde nicht die Furcht überkommen, wenn sich das Leichentuch bewegt und der Tote wieder zu leben beginnt? Ja, mir schlugen vor Angst so hart die Zähne aufeinander, dass es sich anhörte, als ob jemand eine Kette hinter sich herschleife. Ich dachte, ich könnte mich mit dem Grabtuch verteidigen und beweisen, dass höhere Mächte am Werk waren. Aber nicht die Diener von Pilatus holten mich aus dem Gefängnis, sondern ein Jünger von Jeshua und der Bruder Josefs, in dessen Grab man Jeshua gelegt hatte. Sie bestachen die Wachen und brachten mich zurück auf die Straße.

Ja, auf die Straße, denn anstatt mich anzuhören, war ich aus meinem Dienst entlassen worden, und ich verdanke einzig den Freunden Jeshuas, dass ich noch am Leben bin. Sie versteckten mich, gaben mir neue Kleider und baten mich, noch zwei Tage zu bleiben und ihnen genau zu berichten, was geschehen war.

In den letzten beiden Tagen kam ich kaum zum Schlafen, denn die Ängstlichen trauten sich nur bei Nacht zu meinem Unterschlupf und wollten doch alles genau berichtet haben. Fast die ganze Zeit war auch diese Maria dabei. Einfach nur so, und doch glühte sie wie das Feuer eines Schmiedes. Sie war mir schon aufgefallen, als sie abseits des Kreuzes stand und mit jedem Hammerschlag, der die Nägel am Kreuz traf, zusammenschreckte. Als er schrie, weinte sie, und als es mit ihm vorbei war, streckte sie ihre Hände nach ihm aus, als ob er in ihre Arme fallen würde; lebendig, versteht sich, nicht tot. So sind die Frauen eben. Ich habe darüber gelacht.

Was bleibt einem denn anderes übrig? Schließlich ist das mein Geschäft. Es muss alles ordentlich zugehen. Jetzt, ja jetzt tut es mir leid. Warum habe ich denn gelacht? Nicht nur vor sieben Tagen auf Golgatha, ich musste immer lachen, wenn die Leute, die drum herum standen, zitterten und zuckten, als ob ihnen die Eisen in den Leib getrieben würden. All die Jahre hatte ich dabei mein Vergnügen. Von Anfang an.

Ja, ich habe meine Arbeit immer gerne getan. Noch nie hat mir jemand dabei einen Strich durch die Rechnung gemacht, noch nie. Aber vor vier Tagen ging alles schief. Jetzt verstehe ich auch, warum mich Pilatus nicht anhören wollte und die Schriftgelehrten mich einkerkern ließen. Ziemlich eilig hatten sie es damit. Ich konnte nur noch geistesgegenwärtig das Tuch holen. Die leinenen Binden und Salbentöpfe der Frauen hingegen liegen wohl immer noch im Grab.

Die Frauen sind hier ihres Lebens auch nicht mehr sicher. Aber ehrlich, die haben den größten Mut bewiesen. Doch dann, als es drauf ankam, dass ihnen ihr geliebter Jeshua leibhaftig entgegenkam, waren sie blind von ihren Tränen und erkannten ihn erst gar nicht! Sie hatten am wenigsten damit gerechnet, dass er auferstehen würde. Die waren einfach blind in ihrer Trauer und vor Liebe, wie Frauen eben sind. Sie wollten ihn noch salben und hätscheln wie ein Kind, und dann steht da plötzlich der ganze Mann vor ihnen.

Aber manche Jünger waren genauso blind. Sie wollten sich gar nicht aus ihrem Kummer lösen, sahen nicht nach rechts und links.

„Ich sah mit eigenen Augen, wie er sich aus dem Tuch wandt!", rief ich und zeigte ihnen das Leinen, und sie erkannten es und sahen auch das Blut darin.

„Gerade ihr müsstet doch darauf gewartet haben!", schrie ich sie an. „Ihr habt doch die ganze Zeit damit gerechnet. Aber mir Unglücklichem wurde dieses Wunder vor Augen geführt!" Und ich fügte hinzu: „Dabei habe ich alles versucht, das zu verhindern. Ich hätte darauf verzichten können. Mir bringt es nichts als Ärger. Es hat mich meine ganze Ehre gekostet."

Und dann war die Maria aufgestanden. Die ganze Zeit hatte sie nichts gesagt. Aber dann kam sie und sagte: „Maria, die Mutter unseres Jeshua, wurde erwählt, ihn zur Welt zu bringen, und du wurdest als Zeuge erwählt, dass er vom Tode auferstand."

Mir hat eine Frau nichts zu sagen, und ich wies sie ab: „Ich tat alles, um dies zu verhindern, und würde es heute noch tun!"

Sie sollten wissen, auf welcher Seite ich stand. Doch Maria lächelte sanft und sagte: „Wenn dir der Morgen, als dir die Engel begegneten, nichts bedeutet, ja wenn er dich ärgert, so gib mir doch das Tuch, das du so fest an dich gedrückt hältst."

Sie streckte ihre Hände nach dem Tuch aus und lächelte mich an. Wäre ich ihrem Lächeln gefolgt, hätte ich ihr das Tuch überlassen. Aber ich konnte es nicht. Nichts auf der Welt sollte mir das Tuch entreißen, solange ich lebe.

Sie wusste genau, dass ich das Tuch nicht lassen konnte, und sagte liebevoll: „Wem immer Jeshua ein Lächeln, einen Kuss oder eine Umarmung schenkte, wem immer er Trost und Heiler war, der lässt nie wieder von ihm, denn der Messias zeigt uns nicht nur den Weg zu Gott und nennt ihn Vater, nein, er liebt uns wie nie ein Mensch zuvor. Und du überlässt mir das Tuch nur aus einem einzigen Grund nicht: Du weißt, dass es ein Geschenk ist, das dein Leben ausmacht. Ja, wie an einem seidenen Faden hängt dein Leben an dem Stoff. Du bist mit dem Geheimnis Gottes verbunden. Und es bedarf nicht deines stümperhaften Willens, um die Wahrheit zu erkennen. Du bist es nicht, der das Heil suchte. Nicht du hast das Heil gesucht, sondern die Liebe unseres Meisters hat dich gefunden. Und dagegen, glaube mir, kann man einfach nichts machen." Und sie lachte: „Du wirst es noch sehn, mein Freund, du wirst es noch sehn!"

Und dann lachten alle, die da waren über mir. Und ohne es zu wollen, lachte ich mit und überließ mich ihrem Übermut.

Doch nun kommen die drei. Ich bin voll Freude und stehe wie beiläufig auf. Niemand darf uns zusammen sehen. Obwohl ich sie mit an Bord nehmen werde, habe ich das Gefühl, dass sie mich nach Hause bringen.

Ich gehe voran zum Hafen. Ich sehe mich nicht um. Es sind so mutige Männer und dann noch diese Frau! Alles ist für die Fahrt vorbereitet, denn noch immer bin ich ein mächtiger Mann. Sie werden mir folgen, so sicher, wie Jeshua plötzlich wieder lebendig wurde, denke ich. Und dann kriecht in mich dieses übermütige Lachen. Ich weiß nicht, warum. Ich glaube, ich bin einfach müde und freue mich, dass ich noch lebe.

Tanja Jeschke

entschieden

Liebe Mutter,

seit meinem letzten Brief an dich hat sich alles verändert, und es ist nicht übertrieben, wenn ich dir sage, dass sogar der Mond, der seine Sichel nachts über die Antoniusfestung hält, jetzt anders aussieht. Der Mond, den ich schon geliebt habe, als ich noch ein kleines Mädchen zu Hause bei Vater und dir in Rom war – er ist zum Zeugen geworden, so wie auch ich selbst Zeugin eines Geschehens wurde, das die ganze Welt betrifft, nicht nur meine, davon bin ich überzeugt.

Ach, Mutter, komm doch hierher zu mir in den Garten, hier ist es ruhig, die Geräusche Jeruschalajims sind hier kaum lauter als das Gurren der Tauben, die in den Tamarinden hocken. Hör mir zu, Mutter, lies langsam und – bitte! – glaube mir.

Es war in den Tagen des jüdischen Pessachfestes. Tirza, meine Freundin, die mich immer besucht, wenn Pilatus und ich von Cäsarea hierherreisen müssen, war bei mir. Wir tranken süßen Tee, lagerten auf den Teppichen am Boden der Dachterrasse, ich hatte meine Beine ausgestreckt, und Tirza malte mir feine Ranken auf die Füße, Rosen und winzige Goldkäfer dazwischen, mit ihren besten Henna-Farben. Ich war müde und so heimweh-krank wie immer.

Du weißt, Mutter, wie ungern ich immer in diesem Land gelebt habe – und das nun schon seit sieben Jahren! Du weißt auch, wie lange ich schon Pilatus in den Ohren lag, doch endlich seine Versetzung nach Rom voranzutreiben, und obwohl er mir sonst jeden Wunsch von den Lippen abliest und viel auf meine Worte gibt – in diesem Punkt ließ er sich nicht von mir bewegen. Das hatte mich in den letzten Wochen mürbe gemacht. Was fand Pilatus nur an seiner Statthalterschaft hier unter den Juden?

Ich glaubte immer, es sei allein Herodes, den Pilatus noch gefügig machen, den er noch besiegen wollte, dieses Machtspiel sei schuld daran, dass du deine Tochter missen musst, liebe Mutter. Pilatus und Herodes, wie zwei feindselige Hunde waren sie ineinander verbissen, aber auch das hat sich nun geändert: Sie sind Freunde geworden, doch das ist eine andere Geschichte, und ich erwähne es nur am Rande, ja, tatsächlich, ich schiebe diese mächtigen Männer zur Seite wie zwei kleine harte Bohnen, unwichtige Winzlinge! Ein anderer ist ja viel größer. Ein anderer ist König. Darum lass mich weitererzählen.

Da war nämlich noch etwas, das mich an jenem Tage auf der Dachterrasse erschöpfte und so schweigsam machte. Ich hatte in der Nacht kaum geschlafen. Um Mitternacht war ich schweißgebadet aus einem Traum aufgeschreckt.

„Was für ein Traum?", fragte mich Tirza, und ich erzählte ihr, wie ich im Traum in unterirdischen Gängen unterwegs gewesen bin, in Katakomben, an den Wänden ein paar brennende Kerzen, aber sonst alles stockdunkel, sehr enge Gänge, sehr schlammig der Boden, meine Füße sanken tief ein, ich kam kaum vorwärts, hielt mich an den Wänden fest, aber die wankten auch, und ich wusste, dass es hier in der Antoniusfestung passierte, sie war dabei, zusammenzubrechen, ihre Mauern stürzten ein. Und ich mittendrin! Doch ich ging immer weiter, denn ich hörte eine Stimme, die sang, ich folgte diesem Lied, etwas anderes blieb mir gar nicht übrig, wenn ich nicht umkommen wollte. Und dann tauchte aus der Dunkelheit eine Gestalt auf, die ich zunächst für ein Gespenst hielt! Ich schrie vor Angst, und mein Schrei passte seltsamerweise genau zu dem Lied. Mein Schreien verwandelte sich in Singen, und meine Angst verwandelte sich in Freude. Und auch die Gestalt sang. Allmählich konnte ich sie immer besser erkennen. Es war der Mann, von dem die Leute auf den Märkten reden. Jeshua aus Nazareth. Ich wusste im Traum, dass alles wahr ist, was er sagt. Er ist von Gott gesandt zum Heil für alle Menschen. Er ist ein Gerechter.

Tirza fragte mich an dieser Stelle, was das denn sein soll: ein Gerechter. Ich wollte die Frage mit der Hand fortwischen, denn was sollte ich auch darauf antworten? Ich weiß nichts von Gerechtigkeit, das ist doch etwas Jüdisches, nichts für unsereins, nicht wahr, Mutter?

Tirza, sagte ich deshalb, der Mann war nicht von dieser Welt. Er war ganz ohne Schuld. Ein König. Aber er gehörte nicht hierher. So wie ich. Er hat mich angesehen und verstanden. Und wir haben zusammen gesungen. Doch dann gingen auf einmal die Kerzen aus. Die Dunkelheit, sie war so plötzlich, tief und schrecklich. Ich wollte wissen, ob der Mann noch da war. Er durfte nicht von dem Dunkel verschlungen werden, das durfte auf keinen Fall passieren, niemals!

Aber da platzte der Traum auf, und ich erwachte. Tirza, sagte ich, ich muss wissen, ob der Mann noch da ist. Ich muss es wissen. Ohne ihn bin ich verloren. Die ganze Welt ist ohne ihn verloren.

Und in dem Moment, liebe Mutter, hörten wir lautes Geschrei. Es mussten viele Leute sein, hebräische laute Stimmen.

Tirza und ich sprangen auf und schauten über die Brüstung. Unten auf dem Platz vor der Antoniusfestung standen lauter jüdische Priester und Gelehrte, an einem Strick führten sie einen

Mann mit sich und klopften an unser Tor. Wir sahen, wie es aufging und Pilatus unten herauskam.

Du kennst ihn ja, ihm gefällt es, vor die Leute zu treten und allen zu zeigen, wer er ist. Er mag diese Pose, ein Bein weit vorgestellt, die Hand dabei an den Torpfosten gelehnt. So habe ich Pilatus kennengelernt, als den sicheren Hervortreter, den Ansager und Machthaber.

Er sprach mit den Leuten. Und dann mit dem Mann am Strick. Tirza und ich lehnten uns so weit über die Brüstung wie nur möglich, aber wir konnten nicht verstehen, worum es ging. Ich konnte nur sehen, dass der Mann ruhig dastand, während die Leute um ihn herum wild und aufgebracht wirkten.

„Es ist dieser Jeshua!", flüsterte Tirza.

Ich wollte das nicht glauben. „Was sagst du da? Woher willst du das wissen?"

„Ich habe ihn einmal gesehen", sagte Tirza. „Er hat ein Nachbarskind geheilt. Das Mädchen war todkrank, und dann ist es aufgestanden und war gesund. Das war er, dieser Mann dort unten."

Mein Herz klopfte heftig. Konnte das wahr sein? Eben hatte ich ihn noch vermisst, in meinem Traum, und jetzt war er da, ganz in meiner Nähe. Meine Müdigkeit war wie fortgeblasen.

Ich zog Tirza eilig zur Treppe, die hinunter in den Innenhof führt. Wir trafen auf Pilatus, der eben hereinkam, als das Tor zugezogen wurde.

„Was ist los?", rief ich.

„Diese Juden bringen mir einen Mann und wollen, dass ich ihn verurteile", sagte Pilatus. „Und was macht er? Lässt das einfach mit sich geschehen! Wehrt sich nicht! Steht einfach nur da, sagt keinen Ton, unschuldig wie ein Lamm! So was habe ich noch nie gesehen." Pilatus schüttelte den Kopf.

Ich trat ganz nah an Pilatus heran, umfasste seinen Kopf und zog ihn zu mir: „Lass diesen Mann in Ruhe, Pilatus! Er hat nichts Böses getan! Ich habe heute Nacht von ihm geträumt. Du darfst ihm nicht schaden, hörst du?!" Da wurde wieder an das Tor geklopft, mehrmals und kräftig, bis Pilatus es öffnete. Es mussten inzwischen noch mehr Menschen dazugekommen sein, denn der Lärm, der jetzt von draußen hereindrang, war ohrenbetäubend. Und es war deutlich zu hören, was die Leute schrien: „Lass ihn kreuzigen! Lass ihn kreuzigen!"

Tirza und ich warfen einander entsetzte Blicke zu. Wie gelähmt standen wir da. In dem Moment kam Pilatus wieder herein, schlug das Tor hinter sich zu und lehnte sich schwer atmend dagegen. „Sie wollen ihn umbringen! Ich kann sie nicht davon überzeugen, dass er das nicht verdient hat! Den Fall soll Herodes übernehmen. Soll der sich doch mit den Juden herumschlagen!"

Wo war Pilatus' stolze Machtgewissheit? Wo waren seine Arroganz, seine Größe? Wie klein wirkte er plötzlich, wie unsicher! So kannte ich ihn gar nicht.

„Procula", rief er jetzt, „Tirza! Bringt mir Wasser, eine ganze Schüssel!"

Wir liefen schnell in die Küche, holten Wasser, und als wir damit zu Pilatus zurückkamen, hatte er bereits das Tor wieder geöffnet und stand dort vor den Leuten draußen. „Was hat er denn Böses getan!?", fragte er sie gerade.

Aber sie schrien alle nur: „Lass ihn kreuzigen!"

Jetzt konnte ich den Mann sehen. Er war es. Da stand er. Aus der Dunkelheit meines Traumes war er in das grelle Licht der Straße geraten. Er sah mich an. Ich kann dir seine Augen nicht beschreiben, Mutter. Aber wenn du einmal von solchen Augen erreicht wurdest, Mutter, glaube mir, dann bist du eine andere.

Pilatus tauchte jetzt vor allen Leuten seine Hände in die Schüssel, die ich ihm zitternd hinhielt, und wusch sie und sagte laut: „Ich bin unschuldig an seinem Blut. Macht, was ihr wollt!" In dem Augenblick wusste ich, dass etwas Schreckliches geschehen würde.

Mutter, und das ist geschehen. Schreiben kann ich darüber nicht. Jeshua musste den Weg eines verurteilten Mörders gehen, bis zum Kreuzestod. Dabei ist er genau das Gegenteil eines Mörders. Er musste den Tod eines bösen Menschen sterben, dabei ist er der Sohn Gottes.

Du denkst vielleicht, meine Procula hat Hirngespinste vor lauter Heimweh. Dann frag Longinus, unseren Hauptmann. Du hast ihn bei deinem Besuch vor zwei Jahren kennengelernt. Erinnerst du dich an ihn? Longinus stand unter dem Kreuz, an dem Jeshua hing, als das Erdbeben geschah und Dunkelheit über das ganze Land zuckte wie eine Giftschlange. Longinus hat mir erzählt, wie ihm in dem Augenblick auf einmal aufging, wer Jeshua war. „Procula", hat er gesagt, „er ist wirklich Gottes Sohn gewesen."

Und ich habe Pilatus die Wasserschüssel hingehalten. Ich bin genauso schuldig wie er am Tod Jeshuas.

Aber was ich seit gestern weiß, das macht mich vollkommen frei von aller Schuld. Longinus kam spätabends noch zu mir. „Sein Grab ist leer", sagte er. „Es heißt, er sei auferstanden. Glaubst du das, Procula?"

Mutter, ich habe in seine Augen geschaut. Diese Augen können sterben, aber tot sein können sie nicht.

Die Dunkelheit hat ihn nicht verschlungen, liebe Mutter. Er lebt, Jeshua ist wahrhaftig auferstanden. Durch ihn bin ich jetzt frei, von Schuld, von Tod, von Hass und Verderben frei. Und du auch, Mutter. Sein Sterben und Auferstehen haben ja unser aller Sterben erlöst! Alles ist gut, denn wir haben einen liebenden Retter.

Und Pilatus? Er kann nicht mehr schlafen. Er wälzt sich umher und betrachtet seine Hände, er dreht und wendet sie und starrt sie an. Dann lege ich meine Hand auf seinen Kopf und zeige ihm die Sichel des Mondes am Himmel. Schau, Pilatus, sage ich, das Lächeln über dem jüdischen Land.

Nun muss ich schließen, Mutter, und die Grüße, die ich dieses Mal an dich und Vater mitsende, sind anders als sonst: Süß wie Honig sind sie, froh wie der Vogel, der am Morgen singt, und voller Staunen wie ein Kind.

In Liebe, deine Procula

Frauke Bielefeldt
berührt

Aus dem Tagebuch von Thomas

1. Tag der Woche, spätabends
Das darf nicht wahr sein! Ich könnte mich sonst wohin beißen. Schreien, die Hütte anzünden. Noch nie war ich so sehr zur falschen Zeit am falschen Ort. Oder besser gesagt: zur richtigen Zeit nicht am richtigen Ort. Warum war ich nicht da? Warum musste ich ausgerechnet abends noch ... jetzt ist es auch egal. Ich war nicht da. Hätte ich es wissen können? Ahnen können? Hätte ich nicht bei den anderen bleiben sollen nach der Aufregung von heute Morgen? Erst die Frauen, die erzählten, dass seine Gruft leer war, dann auch noch Petrus ...
Vielleicht habe ich etwas zu emotional reagiert. Ich war so wütend, als sie erzählten, dass sie den Herrn gesehen haben. Sie waren alle so ausgelassen, voller Freude und Begeisterung. Wenn er schon lebt, warum sucht er sich ausgerechnet die Zeit aus, in der wir nicht alle zwölf zusammen sind? Na ja, elf; Judas ist nicht mehr bei uns. Und was heißt das überhaupt – „der Herr lebt"? Taucht plötzlich hier und da wie ein Geist auf ...
Vielleicht ist es genau das: nur ein Geist. Jeshua war tot. Ich weiß es. Alle wissen es. Er hing stundenlang am Kreuz, und als er abgenommen wurde, kamen schon Blut und Wasser aus seinem Herzen. Die Römer haben ihre Methoden, um das zu prüfen, bei

ihnen kommt keiner lebend davon. Die Römer, ich hasse sie! Er muss so entsetzlich gelitten haben, es war der Wahnsinn. Und nun soll er einfach wieder lebendig sein? Auferstanden vom Tod? Ich kann es nicht begreifen. Begreifen ... ja, ich stehe zu dem, was ich vorhin zu den anderen gesagt habe: Ich kann erst glauben, wenn ich ihn angefasst, „begriffen" habe, wenn ich meine Finger in seine Wundmale gelegt habe. Dann weiß ich, dass er es ist. Wie sehr wünschte ich, dass es wahr wäre!

2. Tag der Woche, abends

Ein langer Tag. Wir sind viel zusammen und sprechen über alles. Erinnern uns an seine Worte, dass er leiden würde, und finden immer mehr Worte aus der Schrift, die dazu passen. Macht am Ende doch noch alles Sinn? Ich will allein sein. Meine Gedanken drehen sich im Kreis. Warum war ich nicht da? Warum kam er ausgerechnet, als ich nicht da war? War er das wirklich?

Vorhin kam ein Bote und hat mir einen Brief gebracht. Von Kleopas. Auch er hat ihn gesehen, mit ihm gesprochen. Dabei war er gar nicht in Jeruschalajim. Wollte sofort wieder nach Hause, als hier alles vorbei war. Auf dem Weg nach Emmaus soll er mit ihnen gegangen sein, mit ihnen gesprochen haben, ihnen alles erklärt haben. Das ist so ungerecht! Kleopas ist noch nicht einmal einer von uns Zwölfen. Und jetzt redet er auch noch auf mich ein, dass ich es doch auch glauben soll. Einen Skeptiker hat er mich genannt. So eine Frechheit!

3. Tag der Woche, in der Mittagsruhe

Die Tage sind anstrengend; wir haben ständig Besuch. Alle wollen wissen, wie die anderen ihn gesehen haben. Hier leben nun alle in der Freude, dass er lebt. Keiner weiß, wie es weitergeht, aber alle sind voller Erwartung. Ich will es so gerne glauben. Sie können sich nicht alle geirrt haben. Ich begreife einfach noch nicht, was es bedeutet. Kommt er wieder zu uns? Wird er nun doch noch sein Reich antreten? Wird er vielleicht bald Pilatus erscheinen? Oder im Tempel?

Gleich werden wir wieder zusammenkommen. Es ist schön, dass wir so viel Gemeinschaft haben, aber irgendwie fühle ich mich auch ausgeschlossen. Keiner versteht mich. Philippus und Bartholomäus necken mich schon damit, dass ich ein Problem mit dem Tod hätte. Nur weil ich es neulich in Bethanien nicht kapiert habe, als er Lazarus vom Tod auferwecken wollte. Ich war so erschüttert über seinen Tod, dass ich wohl tatsächlich einen Moment lang mit ihm sterben wollte. Aber der Tod ist doch wirklich das Grausamste überhaupt! – Mir stockt der Atem. Wie gewaltig es wäre, wenn er ihn nun wirklich überwunden haben sollte ... Mir schwindelt der Kopf, da komme ich einfach nicht mehr mit.

4. Tag der Woche, abends

Petrus hat mich angesprochen und gefragt, was los ist. Er hat mir geraten, loszulassen und alles so anzunehmen, wie es war. Er sagt, ich blockiere mich, wenn ich mich zu sehr darauf versteife. Hat mich sogar stur genannt. Dabei will ich doch nur, was alle anderen auch hatten: ihn sehen, berühren. Er sagt, dass sie ihn gar nicht angefasst haben. Keiner hat sich getraut, selbst Johannes nicht.

Vielleicht gehe ich doch zurück nach Galiläa.

5. Tag der Woche, morgens

Ich bin früh aufgestanden, um zu beten. Mein Herz kommt nicht zur Ruhe. Schon oft hatte ich das Gefühl, in der Gruppe irgendwie unterzugehen. Da war ich immer bloß der „Zwilling" – was sagt das denn schon aus über mich als Person?! Nun bin ich auch noch der Zweifler. „Verzweifler" wäre passender. In einer anderen Konstellation hätte ich vielleicht eine ganz andere Rolle bekommen ... Oder liegt es doch an mir? Habe ich mich nicht würdig erwiesen? Was habe ich denn schon erreicht in meinem Leben? Es wurmt mich. Der Wurm nagt an meinem Herzen, frisst sich durch meinen ganzen Körper. Habe ich mich selbst ins Abseits gesetzt? Warum bin ich nicht wie der starke Petrus, der sogar auf dem Wasser ging? Oder wie der sanfte Johannes, der an seiner Brust liegen durfte? Ausgerechnet jetzt falle ich auf. Als der Störenfried, der die allgemeine Euphorie bremst. Weil ich sauer bin. Enttäuscht. Konnte er nicht warten?! Bin ich ihm einfach nicht wichtig genug?

Vielleicht habe ich tatsächlich ein Problem mit dem Tod. Die Endlichkeit allen Daseins. Die Endgültigkeit des Abschiedes. Es schnürt mir die Kehle zu. Was macht dann noch Sinn im Leben? Wie kann man damit kein Problem haben?

Ich will zu Gott beten. Seine Gedanken sind höher als meine. Seine Pläne sind mir zu wunderbar. Herr, ich vertraue dir. Du wirst einen Weg zu meiner Seele finden.

6. Tag der Woche, nachmittags

Hier geht alles auf den Sabbat zu. Ich habe mich in den Hof zurückgezogen, um noch ein bisschen schreiben zu können. Gleich geht die Sonne unter. Es tut mir gut, meine Gedanken zu sammeln.

Heute ist es eine Woche her. Die Wucht der Ereignisse steckt mir immer noch in den Knochen. Ich hätte es einfach nicht für möglich gehalten, dass er tatsächlich stirbt. Keiner von uns hätte das – da sind wir uns alle einig. Dafür war er einfach viel zu souverän gewesen; selbst Wind und Wasser hatten ihm gehorcht, und er hat sogar ein paar Menschen wieder lebendig gemacht, die gerade gestorben waren. Bei Lazarus war es sogar schon vier Tage her. Ich werde es nie vergessen, wie er plötzlich aus der Grabkammer kam, die Leichentücher noch um seinen Leib gewickelt. Es war unglaublich!

Genauso unglaublich wie seine Auferstehung. Ein paar meinen, dass er vielleicht morgen am Sabbat noch einmal kommen wird. Was würde ich dafür geben, dass ich diesmal dabei bin!

Am Sabbat, abends

Er ist nicht gekommen.

Trotzdem war es ein schöner Sabbat. Das Essen war köstlich und unsere Gebete voller Frieden und Erwartung. Ja, irgendwie habe ich jetzt meinen Frieden mit Gott gefunden. Ich will ihm vertrauen, auch wenn ich ihn nicht sehe und nicht immer verstehe. Es kann nicht jeder in der ersten Reihe stehen. Es war schon ein unglaubliches Privileg, bei den Zwölfen dabei zu sein. Wir haben mit dem Sohn Gottes gelebt.

1. Tag der Woche, abends

Er war da! Er war wirklich da! Es ist wie im Traum. Nie wieder will ich an dir zweifeln, mein Herr und mein Gott!

Es war, als ob er extra meinetwegen noch einmal kam. Er muss es gehört haben, was ich vor einer Woche mit den Wundmalen sagte. Zuerst war es mir fast ein wenig peinlich, als er mich direkt ansprach und aufforderte, meine Finger in seine Hände zu legen. Meine Hand in seine Seite. Meine Worte! War ich doch zu aufbrausend gewesen? Er trug tatsächlich die Wundmale; das Loch in seiner Brust, wo der Soldat mitten in sein Herz gestochen hatte. Der Sohn Gottes, gezeichnet für immer.

Ich kriege jetzt noch weiche Knie, wenn ich daran denke,

wie er vor mir steht. Leibhaftig. Wie er mich ansieht mit diesem Blick, der sagt: Ich kenne dich. Ich sehe dich. Ich glaube an dich. Er, an den ich mein Leben gehängt hatte. Der meinem Leben Sinn verliehen hatte. Erst jetzt wird mir bewusst, unter welcher Anspannung ich die ganze letzte Woche gestanden habe.

Ein bisschen getadelt hat er mich schon, als er sagte: „Sei nicht ungläubig, sondern glaube." Bartholomäus und Philippus haben sich einen vielsagenden Blick zugeworfen. Es ist mir egal. Er war da! Ich war dabei! Ich kann gar nicht beschreiben, wie sich seine Hände angefühlt haben, die Löcher zwischen den Knöcheln, durch die sie die riesigen Nägel getrieben haben. Und erst die Kuhle an seiner Brust! Direkt an seinem Herzen. Es war so real und doch wieder so unwirklich ... unwirklich wirklich ... Jetzt weiß ich, dass er lebt. Jetzt begreife ich es. Er hat tatsächlich den Tod überwunden! Es bleibt immer noch unglaublich.

Was für ein Tag. Genau eine Woche nach seiner Auferweckung. Wir wollen ihn nun feiern als den Tag der Auferstehung, mit Brotbrechen und allem Drum und Dran. Jetzt fühle ich mich auch wieder viel wohler in der Gemeinschaft. Ich glaube, sie sind beeindruckt, dass ich ihn berühren durfte. Petrus hat hinterher zu mir gesagt: „Dein Mut hat sich gelohnt." In den Augen von ein paar anderen schimmerte so etwas wie Neid, aber auch Respekt. War es wirklich mutig, zu zweifeln? Meinen Unglauben zuzulassen? Eigentlich hatte ich keine andere Wahl, sonst hätte ich mich komplett zurückziehen müssen, zumindest innerlich. Das konnte es einfach nicht sein; nicht nach allem, was ich mit ihm erlebt habe in den letzten drei Jahren.

Nun weiß ich, dass er Zweifel aushält. Dass er mir sogar entgegenkommt! Er schmeißt uns nicht einfach ins kalte Wasser. Glauben, ohne zu sehen – es bleibt eine Zumutung. Was hat er noch gesagt? „Selig sind die, die nicht sehen und doch glauben."

Wie wird es weitergehen? Wird er sich den anderen Menschen nicht mehr zeigen? Nicht mehr so wie uns? Wird er ihnen das wirklich zumuten? Dann werden sie *uns* glauben müssen, unserem Wort über das, was wir gesehen und gehört haben. Hoffentlich wird es genügend Kraft haben.

Inken Weiand

bekannt

Nur Versager verraten ihre Freunde. Feiglinge, ohne jedes bisschen Mumm in den Knochen. Menschen, denen man nicht einmal Kleingeld oder ein Werkzeug anvertrauen kann – geschweige denn irgendeine wirklich wesentliche Aufgabe. Verlierer, Memmen. Menschen, mit denen keiner wirklich zu tun haben will. Die man am liebsten aus seinem Bekanntenkreis streicht. Über die man bestenfalls noch lacht. Versager.

Ich bin ein Versager.

Versteht mich nicht falsch. Ich bin nicht immer ein Feigling gewesen. Ich weiche Rededuellen selten aus, und wenn irgendwo eine Hand zum Anpacken gebraucht wird, bin ich oft der Erste, der hilft. Ich bin spontan und entschlossen. Meistens.

Ich war derjenige, der auf dem Wasser ging. Na ja, zumindest ein paar Schritte lang. Danach wurde es ein bisschen peinlich, aber das lag nur daran, dass ich meine Entschlossenheit eine Weile lang verloren hatte.

Ich war derjenige, der die vielen Fische gefangen hat. Ich war bei Jeshuas Verklärung dabei. Meine Schwiegermutter hat Jeshua verköstigt. Und überhaupt bin ich derjenige, den Jeshua ‚Fels' nannte. Der, auf den er seine Kirche bauen wollte.

Aber ich bin auch derjenige, der versagt hat. Derjenige, dem ich selbst kein Butterbrot anvertrauen würde.

Die anderen, ja, die sind auch weggelaufen. Aber sie haben

wenigstens nicht ... nicht ihren Freund ... ihren besten Freund ... verraten.

Dabei hatte der Tag gar nicht so schlecht angefangen. Ein bisschen chaotisch, erst die Sache mit dem Esel, dann Jeshuas Aufräumaktion im Tempel. Na ja.

Tatsache ist, dass wir nach dem Pessachmahl alle ziemlich fertig mit den Nerven waren. Und müde. Müde außerdem.

Und dann gab Jeshua solche düsteren Andeutungen von sich wie: „In dieser Nacht noch werdet ihr euch alle ärgern an mir."

Ich wollte es nicht hören. Ich bin kein Feigling. Und ich ärgere mich nicht so schnell. Außer, wenn es wirklich Grund dafür gibt.

Natürlich war mein Ton ein bisschen daneben. So etwas passiert halt. Wo gefischt wird, gibt es Beifang, sage ich immer. Wo gehobelt wird, fallen Späne – passt vielleicht aus gegebenem Anlass besser, immerhin haben wir es mit einem Zimmermann zu tun.

Jedenfalls gingen mir diese Unterstellungen auf die Nerven. Daher wurde ich etwas böse. „Kann ja sein, dass alle sich ärgern – ich nicht. Nie im Leben werde ich das tun!" Und ich wurde ein wenig laut, als ich das sagte. Was zur Folge hatte, dass alle, alle es hörten.

Ich sah ihren Blicken an, was sie über mich dachten. Der Angeber!

Ich sah auf Jeshua. Dachte der das Gleiche?

Nein, er sah ganz anders auf mich. Müde vielleicht, oder traurig. „Gerade du", sagte er, „wirst, noch bevor der Hahn am Morgen kräht, dreimal behaupten, mich nicht zu kennen."

Ich war empört. Empört und verletzt. Nie hätte ich gedacht ...

Doch weiter. Ich kam in dem Moment nicht zum Nachdenken, denn nun überschlugen sich die Ereignisse.

Jeshuas Verhaftung, Judas mit seinem widerlichen Kuss – den Typ hab ich noch nie gemocht – und dann Jeshuas Wegführung.

Jeder, aber auch jeder von uns, hatte einfach Angst, nun auch verhaftet zu werden. Denn dass sie nicht zimperlich mit den Verhafteten umgehen würden, konnte man sich denken. Alle liefen davon. Ich nicht. Na ja, Johannes auch nicht. Stattdessen folgten wir der Gruppe der Soldaten, heimlich, wie Diebe in der Nacht, nach Jeruschalajim hinein. Bis zum Palast des Hohepriesters. Dort hinein wurde Jeshua gebracht. Zum Verhör, das konnte man sich denken.

Johannes war in dem Haus bekannt, so konnte ich auch mit in den Innenhof kommen. Dort blieb ich zurück. Ich stand da, halbwegs nah an dem Feuer, das die Leute im Innenhof entzündet hatten, und versuchte, mit dem bisschen Wärme, das ich abbekommen konnte, die Kälte und Beklommenheit, die sich meiner bemächtigt hatten, zu bekämpfen.

In meinem Kopf herrschte ein dumpfer Gedankenwirbel. Was würden sie mit Jeshua machen? Brachten sie ihn um? Was hatte er falsch gemacht? Was hatten wir falsch gemacht? Was würde mit uns passieren? Was mit Jeshuas Mission? Immerhin war er der Sohn Gottes. Was würden sie nun mit ihm machen?

In meine Gedanken hinein sprach plötzlich eine weibliche Stimme: „Du gehörst doch auch zu diesem Jeshua von Nazareth, oder?"

Wie eine kalte Hand legte es sich auf mich. Sie hatte mich erkannt. Ich fasste überhaupt keinen klaren Gedanken. „Wie? Was redest du da? Keine Ahnung, was du meinst", stotterte ich. Und machte, dass ich wegkam.

Allerdings lief ich nicht weit, sondern nur in die Vorhalle, in den Porticus. Das war so eine Säulenhalle, nach neuestem Stil gebaut. Dort stand ich unauffällig herum. Ich konnte doch Jeshua nicht allein lassen. Noch tat ich es nicht.

Doch es kam noch schlimmer. Es verging nicht viel Zeit, da hob plötzlich eine andere Magd den Kopf, sah mich so prüfend an und rief dann: „Der da hinten gehört auch zu diesem Jeshua von Nazareth!" Mit dem Finger zeigte sie auf mich, sodass auch jeder erkennen konnte, wen sie meinte.

Ich weiß gar nicht, was in mich fuhr. Eine eiskalte Hand umklammerte mein Herz. Ich fühlte nur noch Angst. Blanke Angst. Und schwor, nie von Jeshua gehört zu haben.

Und als jetzt auch noch gleich mehrere weitere Typen ankamen und meinten, an meinem Dialekt könne man erkennen, dass ich zu Jeshua gehöre, verwünschte ich mich selbst und schwor, Jeshua nicht zu kennen.

Ich konnte nicht mehr denken. Ich stand da und starrte die Menschen an, nur noch auf Flucht bedacht. Ein Feigling in Todesangst.

In dem Moment krähte der Hahn.

Das Geräusch fuhr mir durch Mark und Bein. Der Hahn krähte, und es war, als habe er mich aufgeweckt aus dem Schockzustand. Ich hatte genau das getan, was Jeshua angekündigt hatte – und was ich nie geglaubt hätte. Ich hatte Jeshua verleugnet. Ich war ein Versager, ein Feigling. Ich weinte. Die Tränen strömten über mein Gesicht, das Weinen schüttelte mich, ich konnte nichts dagegen tun, es kam einfach so. Ich wankte vor die Tür. Alles war aus.

Bekanntlich war nicht alles aus.

Bekanntlich starb Jeshua nicht nur, sondern er wurde auch wieder lebendig. Wie froh waren wie alle!

Doch in mir blieb ein mulmiges Gefühl. Jeshua hatte mich

‚Fels' genannt. Den Fels, auf den er seine Kirche bauen wollte. Baut man seine Kirche auf einen Versager? Zumal, wenn man ihm sein Versagen vorher angekündigt, er vollmundig widersprochen hat und dennoch nicht in der Lage gewesen ist, sich nur ein bisschen zusammenzureißen?

Also, ich persönlich hätte mir, wenn ich ehrlich bin, einen anderen für den Job gesucht. Ganz bestimmt.

Und dennoch. Und dennoch war in mir eine winzige Hoffnung: die Hoffnung, dass Jeshua mich noch wollte, dass er mich noch irgendwie brauchen konnte. Die Hoffnung auf eine neue Chance.

Ich bin schon immer so gewesen, dass ich etwas tun muss. Diese Leute, die einfach herumsitzen, die konnte ich noch nie verstehen. Und so ging ich am See Tiberias fischen. Das konnte ich, das lenkte mich ab, dabei konnte ich mich auspowern.

Sie kamen alle mit, die anderen. Wenn sie eine Lokomotive hatten, an die sie sich hängen konnten, waren auch die anderen Jungs halbwegs aktiv.

Manchmal klappt gar nichts. Vielleicht war ich auch einfach zu abgelenkt, zu unkonzentriert. Wir fischten die ganze Nacht und fingen nichts. Schweigend arbeiteten wir, frustriert, verbissen. Die Stimmung passte zu meiner Gemütslage.

Als die Dämmerung heraufkroch, sahen wir am Ufer einen Mann stehen.

„Habt ihr nichts gefangen?", fragte er.

„Nein, nichts", antworteten wir.

Seine Anweisung war merkwürdig. „Werft das Netz an der anderen Seite aus, dann werdet ihr etwas fangen."

Irgendetwas an seiner Stimme machte, dass ich auf ihn hörte. Und als mit einem Mal die Netze übervoll waren, kam mir die Situation merkwürdig bekannt vor. Doch hatte ich keine Zeit, groß darüber nachzudenken. Ich war vollauf damit beschäftigt, das Netz mit dem reichen Fang sicher an Land zu bekommen.

Johannes war es, natürlich mal wieder Johannes, der das aussprach, was ich eigentlich hätte wissen müssen: „Es ist der Herr!" Natürlich war es Jeshua, das war mir jetzt auch klar.

Ich sprang ins Wasser, um zu ihm zu schwimmen. Der Fang war mir mit einem Mal egal. Ich wollte bei Jeshua sein. Nur bei ihm.

Die anderen fuhren mit dem Boot hinterher. Und danach war alles fast wie immer. Jeshua teilte das Essen aus. Wir aßen. Einige unterhielten sich.

Nur ich, ich schwieg. Was hätte ich auch sagen sollen? Ich hatte versagt. Manchmal sah ich Jeshua von der Seite an, um vielleicht einen Blick von ihm aufzufangen. Wie würde er mir nun gegenüberstehen? Würde er schimpfen? Mich ignorieren? Mir eine Strafe auferlegen? Mir einen kleineren Auftrag geben?

Aber er unterhielt sich mit den anderen. Ganz so, als sei nie etwas gewesen. Oder als wäre ich gar nicht da.

Erst nach dem Essen sprach er mich an: „Simon, hast du mich lieber als die anderen?"

Oh, was für eine Spitze in dieser Frage lag! Ich hatte immer so angegeben!

Ich sah Jeshua in die Augen, aber sein Blick war nicht hämisch, sondern offen und liebevoll.

„Du weißt, dass ich dich liebhabe", stotterte ich.

„Weide meine Lämmer", sagte Jeshua.

Was war das? Sollte das ein Auftrag sein? Die Bestätigung meines alten Auftrags, seine Kirche mitaufzubauen? Unsicher versuchte ich in Jeshuas Zügen zu lesen.

Doch er fragte mich schon wieder: „Simon, hast du mich lieb?"

Die Frage verunsicherte mich noch mehr. Hörte er plötzlich schlecht?

„Du weißt, dass ich dich liebhabe", bestätigte ich vorsichtshalber noch einmal.

„Weide meine Schafe", sagte Jeshua. Um mich direkt danach nochmals zu fragen: „Hast du mich lieb?"

In dem Moment begriff ich. Dreimal hatte ich ihn verleugnet. Dreimal musste er hören, dass ich ihn liebe.

„Du weißt alles", stammelte ich. „Du weißt auch, dass ich dich liebhabe."

Jeshua sah mir in die Augen. „Weide meine Schafe." Ein Auftrag. Der Auftrag. Da war er wieder. Ich soll seine Kirche mitbauen. Seine Gemeinde hüten. Trotz meines Versagens. Ein peinlicher Mitarbeiter – aber ein Mitarbeiter.

Ja, Jeshua sagte mir auch einiges nicht ganz so Angenehme voraus. Vielleicht, damit ich mich darauf einstellen kann und beim nächsten Mal nicht versage. Aber selbst, wenn es nochmal geschehen sollte: Bei Jeshua bekomme ich eine neue Chance. Auch als Versager. Ich weiß es. Spätestens seit damals.

Christoph Zehendner

verstanden

Lieber Thomas,

wie schade, dass ich Dich gestern Nacht nicht gesehen habe. Wirklich schade, dass Du nicht dabei warst, als wir in Jeruschalajim die Sensation erfahren haben. Ich hätte Dich so gerne dabeigehabt. Du, gerade Du, hättest miterleben sollen, wie wir einander berichteten, unseren Ohren schier nicht trauen konnten, wie wir immer lauter und immer fröhlicher wurden.

Ach, lieber Freund, ich will Dir schildern, was sich gestern zugetragen hat, zuerst auf unserem Weg und in unserem Haus. Und dann in Jeruschalajim, wohin wir zurückgeeilt waren.

Ich möchte Dich durch diese Zeilen mitnehmen, zum Augenzeugen machen, zum Ohrenzeugen, zum – verzeih den Ausdruck – „Herzenszeugen".

Bitte bediene Dich meiner Augen, meiner Ohren, meines Herzens. Ich will Dir schildern, was sie erlebt haben. Und ich hoffe, so kannst Du das Unglaubliche auch glauben. Oder es wenigstens ahnen.

Also, von vorne: Ich muss Dir nicht ausmalen, mein lieber Freund, wie traurig, wie verzweifelt wir waren, als wir uns gestern Nachmittag von Jeruschalajim aus auf den Heimweg machten. Die Augen leergeweint. Das Herz versteinert. Alle Hoffnungen zertrümmert.

Er ist nicht mehr unter uns. Er, der Herr, unser Herr. Unser Freund. Unser Wegbegleiter. Unser Halt. Unsere Orientierung. Wie sehr wir ihn geliebt haben und wie sehr wir ihn brauchten – so richtig habe ich das erst auf dem Heimweg begriffen. Meine Frau Maria war schon früher vorausgegangen, sie wollte die Kinder nicht länger alleine lassen bei ihren alten Eltern. Vorher aber hatte sie in meinem Arm lange geweint und mir dabei alles haarklein erzählt. Diese verrückte, diese mutige kleine Frau!

Zusammen mit den beiden anderen Marias hatte sie sich tatsächlich hinter dem Hinrichtungszug her durch die Stadt geschlichen. Als wir Männer uns alle vor Furcht in die Hose machten und uns von Feigheit getrieben in die letzten Löcher verkrochen, da taten diese tapferen Frauen das, was eigentlich unsere Aufgabe gewesen wäre: Sie blieben in der Nähe Jeshuas. Sie erlebten und erlitten mit, was ihm zustieß. Und schließlich landeten sie mit ihm auf dem Hügel. Und sahen das Schreckliche mit eigenen Augen.

Du weißt, wie sehr ich Maria liebe und wie sehr ich ihre Gaben schätze, aber so viel Mut hätte ich ihr nicht zugetraut.

Von ihr also war ich ganz genau unterrichtet, wusste noch viel besser Bescheid als die meisten unserer Leute. Und wenn ich daran denke, dann kommen mir die Tränen, obwohl ...

Also, Thomas, wir waren zu zweit unterwegs nach Hause. Ein anderer aus unserem Kreis, der in meiner Nähe wohnt, nahm denselben Weg wie ich. Was sollten wir noch in Jeruschalajim? Was sollten wir noch in der Stadt, die uns unsere Hoffnung gestohlen hatte?

Schweigend machten wir uns auf den Weg. Wir brüteten und grübelten, jeder für sich. Manchmal kämpften wir mit den Tränen. Jetzt nur nach Hause. Ein Bad nehmen in den warmen

Quellen unseres Dorfes. Dann ab ins Bett. Schlafen, schlafen, schlafen. Den Kopf frei bekommen. Alles vergessen. Alles abstreifen. Irgendwie darüber hinwegkommen.

Dann fing mein Weggefährte an zu reden. Verzweiflung und Ratlosigkeit flossen mit den Tränen aus ihm heraus.

„Warum?" Diese Frage stellten wir einander immer wieder. Wir versuchten zu verstehen, was nicht zu verstehen war. Versuchten, irgendeinen Sinn in dem sinnlosen Geschehen zu entdecken.

Ich bin sicher: Wenn Du mit uns gekommen wärst, Du hättest mit Deinem messerscharfen Verstand unsere Stimmungslage noch klarer analysiert, als wir das konnten. Du hättest Worte gefunden für die Gefühle der Schwermut und der Hoffnungslosigkeit.

Mitten hinein in dieses bedrückende Gespräch gesellte sich ein dritter Mann zu uns. Ein Wanderer wie wir. Thomas, ich sage Dir ganz ehrlich, wenn ich gewusst hätte, was ich heute weiß, ich hätte einen Freudensprung gemacht.

Aber Fehlanzeige: Ich war so in meinen Gedanken gefangen, dass ich nur wahrnahm: Da ist jemand. Ich grüßte ihn wohl nicht einmal. Wir beide redeten weiter, als sei er nicht da.

Doch er war nicht etwa beleidigt, er erkundigte sich nach uns und unserem Gesprächsthema. Wollte wissen, was uns denn so beschäftigte.

Thomas, glaub mir, im ersten Moment wollte ich ihm fast an die Gurgel gehen nach dieser Frage. Ich ballte die Faust in der Tasche, blieb stehen und zwang dadurch auch meine beiden Mitwanderer zu einem Stopp. Und dann fuhr ich ihn an:

„Ja, hast du denn keine Ahnung, was in den letzten Tagen geschehen ist? Bist du etwa der einzige Mensch in Jeruschalajim, an dem die Katastrophe spurlos vorbeigegangen ist?"

Ich fürchte, meine Stimme klang ziemlich vorwurfsvoll. Doch er ließ sich nichts anmerken. Freundlich fragte er zurück: „Was, bitte, ist denn geschehen?" Mit dieser Frage löste er so eine Art inneren Wasserfall bei uns beiden aus. Die Worte sprudelten nur so. Wir erzählten ihm von Jeshua aus Nazareth. Von dem, was der zu Lebzeiten gesagt und getan hatte, wie er uns beeindruckt und geprägt hatte, wie ihm unsere Begeisterung und unsere Hoffnung zugeflogen waren. Wie Jeshua dann gemeinerweise verhaftet und zum Tod verurteilt worden ist. Wie das Urteil auf grausame Art und Weise vollstreckt wurde und mit ihm auch all unsere Lebensfreude und Zuversicht an einen schiefen Balken genagelt wurden.

Drei Tage erst sei das alles her, erzählten wir ihm. Und in unsere Trauer hinein sei jetzt auch noch handfeste Verwirrung gekommen. Ein paar Frauen aus unserem Bekanntenkreis hätten uns mit ihrer lebhaften Phantasie Angst eingejagt. Sie wollen Engel gesehen haben. Und diese Engel sollen behauptet haben, dass Jeshua nicht tot sei, sondern lebe. Als wir dann nachsehen wollten, tatsächlich, da war das Grab leer. Aber – wie wir es erwartet hatten – keine Spur von einem Engel, erst recht keine von ihm.

„Was ist da nur vorgefallen?" Wir schrien die Frage geradezu heraus. „Was ist mit seiner Leiche geschehen, warum lassen sie ihn nicht wenigstens nach dem Tod in Ruhe?"

Thomas, bei dem, was er darauf antwortete, hätte ich Dich zu gerne dabeigehabt. Du bist schlagfertiger als ich, Du hättest wohl viel eher als ich kapiert, was in den folgenden rätselhaften Worten des Fremden steckte.

Stell dir vor, er zeigte nicht etwa Verständnis und Mitgefühl. Im Gegenteil: Er schimpfte mit uns. Ich weiß es noch genau, er sagte fast ein wenig spöttisch: „Mensch, warum seid ihr denn so schwer von Begriff!"

Thomas, glaub mir, da wäre ich fast geplatzt. Was bildet der sich ein?, habe ich mich gefragt.

Aber noch ehe ich zurückschimpfen konnte, sprach er weiter, freundlich, geradezu liebevoll. So begann er, uns seine Sicht der Dinge zu erklären.

Was er sagte, klang in meinen Ohren richtig und schlüssig: Die alten Propheten hätten doch genau das vorhergesagt, behauptete er. Sie hätten doch schon angekündigt, dass der Christus, der Messias, der von Gott gesandte Retter, einen Weg des Leidens würde gehen müssen.

Der Fremde fing tatsächlich fast bei Adam und Eva an, sprach über Mose und die alten Propheten und zitierte kreuz und quer aus den alten Schriften, um seine Argumente zu untermauern. Seine These: Der Tod Jeshuas kam nicht unerwartet. Er war von langer Hand geplant. Jeshua musste diesen Weg gehen, gerade weil er der Christus Gottes war und nicht nur irgendein weiser Wanderprediger.

Seine Begründungen beeindruckten uns. Wir fragten nach, wir legten ihm unsere Gegenargumente vor, wir redeten und diskutierten, leidenschaftlich und von ganzem Herzen. Es ging um alles.

Das Gespräch nahm uns so gefangen, dass ich kaum noch auf den Weg achtete. Ich bemerkte es erst nicht einmal richtig, dass wir Emmaus erreicht hatten. Er aber registrierte sofort, dass ich instinktiv vom Weg abweichen und in Richtung der Häuser weitergehen wollte. Da tat er so, als wolle er sich verabschieden und weitergehen.

„Das kommt gar nicht in Frage", sagte ich zu ihm. Nicht nur meine orientalische Gastfreundschaft ließ das nicht zu. Nein, ich wollte unbedingt mehr von ihm erfahren. Letztlich wollte ich tief im Inneren vor allem eins: überzeugt werden, angesteckt werden von seinen Worten und von der Hoffnung, die daraus sprach.

„Bleib bei uns, es dämmert schon, gleich geht die Sonne unter, und du siehst die Hand vor deinen Augen nicht mehr!"

Er ließ sich nicht lange bitten und kam mit zu mir.

Thomas, und was dort geschah, bei mir zu Hause, mitten in der Stube am Tisch, das hättest Du unbedingt erleben sollen. Wir saßen da, Maria hatte ein einfaches Abendessen bereitgestellt. Als ich als Hausherr gerade mit dem Dankgebet beginnen wollte, nahm er das Heft in die Hand. Mit großer Selbstverständlichkeit, als sei er hier der Gastgeber.

Er nahm das Brot, er brach es in Stücke, und er dankte Gott dabei für diese Gabe.

Thomas, und genau das war der heilige Moment, in dem meine Augen geöffnet wurden. Mit einem Schlag fiel es mir wie Schuppen von den Augen. Mit dieser kleinen Geste und diesen wenigen Worten machte er alles klar. Ich begriff: DAS IST ER.

Der Wanderer mit den guten Argumenten, unser Gast, der, der da auf eine unvergleichlich nahe Weise mit Gott im Gespräch war, genau das ist Jeshua. Der Christus. Der Herr. Unser Herr.

Ich wollte aufspringen und ihn umarmen. Doch er war verschwunden. So wunderbar, wie er in unser Gespräch hineingeraten war, so hatte er sich nun wieder daraus zurückgezogen. Er war einfach weg. Oder vorsichtiger formuliert: Er war für mich nicht länger greifbar und sichtbar nahe.

Und doch wusste ich in diesem Moment: Jeshua ist nicht tot. Er lebt. Und im Nachhinein begriff ich: Mein Herz hatte in Flammen gestanden, schon von dem Moment an, in dem er mit seinen Erklärungen begonnen hatte.

Ich bin froh, dass meine tapfere Maria dieses besondere Abendessen miterleben konnte. Und ich hätte Dich so gerne auch dabeigehabt, mein Freund. Der alte Skeptiker in Dir hätte seine Fragen und seine Zweifel beiseitelegen und sich mitfreuen können.

Tja, leider war es nicht so. Und du warst auch nicht dabei, als Jeshua am selben Abend in Jeruschalajim unsere Leute aufsuchte.

Du musst wissen: Nachdem mein Weggefährte und ich verstanden hatten, was in meinem Haus in Emmaus geschehen war, wollten wir unbedingt den Freunden in Jeruschalajim davon berichten. Wir ließen Essen und Trinken stehen, schlüpften wieder in unsere Sandalen und rannten los. Genau den Weg zurück, den wir gerade hinuntergekommen waren.

Wir rannten und sangen und störten uns nicht an Dunkelheit und Gefahr auf dem Weg. Unser Herz stand in Flammen. Und wir wollten die anstecken, die sicher noch so verzweifelt waren wie wir vor wenigen Stunden. Die neue Hoffnung verlieh uns Flügel, Thomas, wir kamen viel schneller in Jeruschalajim an als sonst.

Wir klopften an die Tür, wir konnten es kaum erwarten zu berichten. Noch auf der Türschwelle platzten wir mit der großen Botschaft heraus. Doch obwohl wir laut und wahrscheinlich ziemlich überschwänglich berichteten – wir kamen praktisch nicht zu Wort.

Denn die, die dort versammelt waren – Petrus, Johannes, Andreas und all die anderen, auch die Frauen waren dabei –, die redeten und gestikulierten und schwärmten genauso leidenschaftlich wie wir. Erst nach einigen ziemlich turbulenten Minuten kehrte Ruhe ein. Petrus schlug vor, dass wir uns alle setzen und einer nach dem anderen erzählen sollten.

Und so erfuhren wir, dass Jeshua auch dort, in Jeruschalajim, zu Besuch gewesen war. Sichtbar. Hörbar. Greifbar.

Er ist nicht tot. Er lebt. Er ist bei uns. Nichts kann ihn von uns trennen. Nicht der Tod. Nicht Raum und nicht Zeit. Und eine verschlossene Tür schon gar nicht.

Thomas, in aller Freude darüber hat es mich traurig gemacht, dass Du das nicht miterleben konntest. Nicht in Emmaus, nicht in Jeruschalajim. Ausgerechnet Du. Der doch den Dingen immer ganz genau auf den Grund gehen will. Der sich mit Worten nicht zufriedengibt, sondern alles selbst begreifen und anfassen will.

Thomas, ich hoffe, mein langer Brief hat Dich wenigstens ein bisschen spüren lassen von meiner Auferstehungsfreude. Der Grund dieser Freude gilt auch für Dich. Lass Dich berühren, lass Dich anstecken, mein Freund.

Komm vorbei, wenn Du im persönlichen Gespräch noch mehr hören möchtest. Oder halte Dich an unsere Leuten in Jeruschalajim, hör ihnen zu, bete mit ihnen, brich mit ihnen das Brot.

Ich wünsche Dir so sehr, dass der auferstandene Jeshua eines Tages auch ganz bei Dir ankommt und Du bei ihm.

Herzlich aus Emmaus

Dein Freund Kleopas

Die Autorinnen und Autoren

Ute Aland
Jahrgang 1968, Mutter dreier Söhne, wohnhaft in Höxter. Gelernte Gärtnerin und Landschaftsarchitektin, als solche seit 1995 freischaffend selbstständig tätig. Bildende Künstlerin mit diversen Einzelausstellungen. Erste Romanveröffentlichung 2015. Dozentin im Fachbereich Landschaftsarchitektur an der University of applied science in Höxter.

Frauke Bielefeldt
hat Theologie studiert und lebt im Raum Hannover. Sie arbeitet als Lektorin, Übersetzerin und Autorin und freut sich jedes Jahr neu auf Ostern und das Fest der Auferstehung.

Christina Brudereck
Jahrgang 1969, lebt als Schriftstellerin in Essen. Sie schreibt, spricht, reimt und reist und verbindet dabei Poesie, Spiritualität und Menschenrechtsfragen. Gemeinsam mit dem Pianisten Ben Seipel bildet sie das Duo 2Flügel. Sie liebt Indien, Südafrika und das Ruhrgebiet, wo sie in einer evangelischen Kommunität lebt.

Marlis Büsching
arbeitet freiberuflich als Autorin und Journalistin und begleitet als Diplom-Heilpädagogin am Klinikum Werra-Meißner Menschen mit psychischen Behinderungen durch ihren Alltag. Acht Jahre engagierte sie sich nebenberuflich als Dozentin für Spielpädagogik und Pantomime im CVJM-Kolleg und in der Hoch-

schule in Kassel, schrieb die ersten drei Jahre die „Losungen für junge Leute", war Redakteurin einer christlichen Zeitschrift im Oncken-Verlag, lebte mit Jugendlichen in einem erlebnispädagogischen Projekt in Portugal, lernte den Beruf der Heimerzieherin am Niederrhein und wuchs in der Lüneburger Heide und in Hamburg auf. Sie lebt in Partnerschaft, singt im Gospelchor, tobt sich im Garten aus oder reitet genüsslich durch den Kaufunger Wald.

Eleonore Dehnerdt
1956 in Urbach/Süddeutschland geboren, wohnt jetzt in Niedersachsen. Ihr waren schon als Kind die Wörter wichtig, deshalb wollte sie das Leben schreibend feiern und achten. Die engagierte Diplom-Sozialpädagogin veröffentlichte 1998 ihren ersten Roman. Seit 2011 ist sie freischaffende Schriftstellerin. Ihre Texte sind sprachlich klar, und die Menschen werden mit großer Empathie dargestellt. Bezeichnend für ihre Historischen Romane sind ihre hervorragenden Recherchen, deren Ergebnisse sie spannend und leicht verständlich in die Geschichte einwebt. Ihre Lesungen sind ein Genuss. Romanbiografien über: Katharina von Bora („Katharina, die starke Frau an Luthers Seite"), Herzogin Elisabeth von Calenberg/Göttingen („Die Reformatorin"), Anna Magdalena Bach („Die Sängerin"), Katharina von Siena, Kaiserin Kunigunde („Das Gelübde der Kaiserin"), Beatrix von Burgund („Und Barbarossa weinte – in Memoriam Beatrix von Burgund"). Ebenso erschien ein Ratgeber für Frauen zu Hildegard von Bingen („Gutes Leben"). www.eleonore-dehnerdt.kulturserver.de

Albrecht Gralle
ist in Stuttgart geboren und aufgewachsen. Der ausgebildete Theologe verbrachte mit seiner Familie fünf Jahre in Westafrika.

Freischaffender Schriftsteller seit 1993. Zahlreiche Veröffentlichungen: Historische Romane, Erzählungen, Kinder- und Jugendbücher in verschiedenen Verlagen. Mitglied im niedersächsischen Schriftstellerverband, Augsburger Literaturpreis 2014. Gralle ist verheiratet, Vater von vier Kindern und wohnt in Northeim bei Göttingen.

Mathias Jeschke

geboren 1963 in Lüneburg, lebt mit seiner Familie in Stuttgart. Er ist Diplom-Theologe und arbeitet als Verlagslektor bei der Deutschen Bibelgesellschaft, wo er das Kinder- und das Audioprogramm betreut. Zudem veröffentlicht er Gedichte – zuletzt den Band „Luftstudien" in der edition offenes feld, Dortmund 2016 – und Bilderbücher – zuletzt „Was meine Eltern von mir lernen können" im Hinstorff-Verlag, Rostock, 2015. Außerdem ist er Herausgeber der LYRIKPAPYRI, einer Reihe von Gedichtbänden deutschsprachiger Autorinnen und Autoren, die seit 2012 im Horlemann-Verlag, Angermünde, erscheint. www.mathiasjeschke.de

Tanja Jeschke

geboren 1964 in Pretoria. Studium der Germanistik und Theologie in Göttingen und Heidelberg. Arbeitet als Autorin und Literaturkritikerin in Stuttgart. Ihr erster Roman „Ein Kind fliegt davon" erschien 2011 bei Horlemann in Berlin. Veröffentlichung vieler Kinderbücher und Erzählungen.

Christian Rendel

studierte in Gießen Germanistik und Geschichte und ist seit fast dreißig Jahren vor allem als freier Übersetzer tätig. Zu seinen Arbeiten zählen die Narnia-Geschichten und viele andere Werke von C. S. Lewis, nahezu alle Bücher von Adrian Plass und die erste vollständige deutsche Fassung der Pilgerreise von John Bunyan. Daneben hat er eine Biografie über C. S. Lewis (Von Belfast nach Narnia, 2006) und einige Drehbücher verfasst. Christian Rendel ist verheiratet und Vater zweier erwachsener Kinder. Er lebt mit seiner Frau in der Nähe von Göttingen, wo er sich in einer Freien evangelischen Gemeinde engagiert.

Hannelore Schnapp

Geboren 1962, ist Erzieherin, Hauswirtschaftsmeisterin, Diakonin und Gemeindepädagogin. Sie unterrichtet als Lehrerin am Evangelischen Berufskolleg für Sozial- und Gesundheitswesen des Neukirchener Erziehungsvereins. Freiberuflich arbeitet sie als Dozentin in der Religions- und Gemeindepädagogik und ist als ausgebildete Medienmoderatorin bei Veranstaltungen tätig. Sie ist verheiratet und hat eine erwachsene Tochter. Hannelore Schnapp schreibt lebensnahe, erfrischend-provokante, sinnhafte und heitere Geschichten, Gedichte, Gebete und Meditationen. Sie verknüpft biblisches Geschehen mit realer Lebenswelt und aktuellen Fragen und Ereignissen. Die Inhalte ihrer Bücher sprechen Suchende, Fragende, Verzagte, Kritische und Glaubende jedes Alters an.

Iris Völlnagel

Jahrgang 1969, lebt in Leipzig und liebt es, Neues zu entdecken. Im Berufsalltag lebt sie diese Leidenschaften als Reporterin für die Nachrichtensendungen von MDR und ARD aktuell aus. Beim RAD-Buchprojekt hat sie mitgemacht, weil sie es immer wieder spannend findet, zu entdecken, dass die Menschen der Bibel ähnliche Fragen hatten wie wir heute.

Fabian Vogt
geboren 1967 in Frankfurt am Main, ist Schriftsteller, Theologe und Künstler. Wenn er nicht gerade als Teilzeit-Pfarrer kreative Projekte für die Kirche entwickelt oder als Kabarettist auf der Bühne steht („Duo Camillo"), schreibt er Romane, Kurzgeschichten und unterhaltsame Sachbücher. Für seinen Debütroman „Zurück" wurde er mit dem „Deutschen Science-Fiction-Preis" ausgezeichnet – zudem hat er mehrere Kleinkunstpreise gewonnen. Vor allem seine Veröffentlichungen zur Reformation zeigen seine Lust am heiteren theologischen Erzählen: „Luther für Neugierige", „Luther für Eilige", „Wenn Engel lachen. Die unverhoffte Liebesgeschichte der Katharina von Bora" oder „2017. Die neue Reformation". Fabian Vogt lebt mit seiner Frau und seinen beiden Kindern im schönen Vordertaunus bei Frankfurt. www.fabianvogt.de

Annekatrin Warnke
Jahrgang 1962, ist verheiratet und hat drei erwachsene Kinder. Die ausgebildete Reiseverkehrskauffrau schreibt Geschichten für Anthologien, Porträts für Zeitschriften, Sketche für Gottesdienste und Vorträge zu Glaubens- und Lebensfragen. Ihre praktischen Fähigkeiten setzt sie ehrenamtlich in der Flüchtlingsarbeit und für die Norderstedter Tafel ein.

Inken Weiand
Jahrgang 1968, ist geboren in Wuppertal und dort auch aufgewachsen. Inzwischen wohnt sie mit Ehemann, Kindern und Hund in der Eifel. In ihrer Kirchengemeinde ist Inken Weiand in der Kinderarbeit tätig. Geschichten erfindet sie vermutlich, seit sie denken kann. Und seit sie einen Griffel halten kann, schreibt sie diese auch auf. Mit dem professionellen Schreiben begann sie

erst nach einem abgebrochenen Studium in Köln und einigen reinen Familienjahren. Zunächst handelte es sich um Kindergeschichten, später kamen andere Genres hinzu. Die erste Veröffentlichung war 2006, „Wann wird denn endlich Weihnachten?", ein Vorlesebuch für Kinder, im Johannis-Verlag, Lahr. Diverse weitere Veröffentlichungen folgten. www.inkenweiand.de

Bodo Mario Woltiri
Jahrgang 1958, veröffentlicht Gedichte und Kurzgeschichten in Anthologien, Textsammlungen und im Internet. 1984-1988 schrieb und spielte er im Kabarett-Duo ZartBitter zwei Programme: mit über 100 Auftritten auf Kleinkunstbühnen, in Hörfunk und Fernsehen. Sein erstes Soloprogramm hatte am 23. Juli 2008 Premiere. Bodo Mario Woltiri lebt und arbeitet in Bonn.

Christoph Zehendner
Jahrgang 1961, hat seine Arbeit unter das Motto „Dem Leben auf der Spur" gestellt. Der Journalist, Moderator, Texter und Theologe lebt und arbeitet mit seiner Frau Ingrid (Kunsttherapeutin) im Kloster Triefenstein am Main (Unterfranken). Dort sind sie Mitarbeiter der evangelischen Christusträger-Bruderschaft. Die beiden haben zwei erwachsene Kinder und drei Enkeltöchter. Vor seiner Aufgabe in der Bruderschaft war Zehendner rund 25 Jahre lang als Journalist in der aktuellen Berichterstattung tätig. Außerdem ist er als Liedermacher bekannt. www.christoph-zehendner.de